Gerd Manne
Gölin Kaurin Nilsen

Ny i Norge

TEKSTBOK

Dekker modul 1 og 2 på løp A i
«Opplæringsplan i norsk med samfunnskunnskap
for voksne innvandrere» fra 1998

Bokmål

FAGBOKFORLAGET

4. utgave / 9. opplag 2010

ISBN 978-82-11-00554-0

Layout, sats og ombrekking: Runar Wold Grafisk
Omslagsdesign: Runar Wold Grafisk
Omslagsillustrasjon: Elisabeth P. Langeland
Grafisk produksjon: John Grieg AS, Bergen

Foto og andre illustrasjoner:

Aftenposten (logo) s. 100
Bollmann, Jan Olav s. 21 (n.),
  75 (n.n.)
Dagbladet (logo) s. 100
Enström, Ken Grafisk Illustrasjon
  s. 109 (ø.h.)
Nettavisen (forside 22.08.2002)
  s. 53
Norges Bank s. 63, 64
NSB (logo) s. 162
Posten Norge AS,
  Frimerketjenesten s. 95
Reinertsen, John Petter s. 45 (m.h.,
  detalj), 65 (v.), 65 (ø.h.), 109
  (v.), 118 (begge), 190, 198 (alle,
  unntatt ø.h. og n.h.), 199 (n.),
  213, 214 (begge), 226 (n.)

Samfoto:
© Bergsmo, Trym Ivar / Samfoto
  s. 175 (ø.h.), 206
© Bratlie, Espen / Samfoto s. 90
  (ø.), 90 (n.), 144 (ø.), 176 (n.),
  191, 199 (m.), 226 (ø.), 227
  (ø.), 236 (m.), 241 (ø.)
© Bølstad, Trygve / Samfoto s. 227
  (n.)
© Dale, Jan Arve / NN / Samfoto
  s. 236 (n.)
© Eide, Per / Samfoto s. 21 (m.v.)
© Helgestad, Asgeir / Samfoto
  s. 167
© Hermansen, Pål / NN /Samfoto
  s. 75 (n.), 237 (n.)

© Krøvel-Velle, Sigmund / Samfoto
  s. 75 (m.h.)
© Løken, Bård / Samfoto s. 75
  (m.v.), 75 (ø.), 109 (n.h.), 175
  (n.h.)
© Molander, Anna / Mira /
  Samfoto s. 199 (ø.)
© Møller, Mimsy / Samfoto
  s. 21 (ø.v.)
© Rørslett, Bjørn / NN /Samfoto
  s. 184 (h.), 205
© Skoog, David / Mira / Samfoto
  s. 90 (m.)
© Sunde, Helge / Samfoto
  s. 236 (ø.)
© Søbye, Øystein s. 21 (n.h.)
© Sørensen, Henrik / BAM /
  Samfoto s. 126
© Tronvold, Stig / NN / Samfoto
  s. 204 (ø.)
© Wuttudal, Tore / NN / Samfoto
  s. 21 (ø.h.), 204 (n.), 237 (ø.),
  241 (n.)
© Åsheim, Ole / Samfoto s. 45 (n.)

Scanpix s. 45 (ø.v.), 45 (m.v.),
  176 (ø.)
© Bendiksby, Terje s. 220
© Gjone, Arne S. s. 45 (ø.h.)
© Johansen, Erik s. 151
© Mikalsen, Helge s. 28
© Rapp, Ole Magnus s. 175 (v.)
© Stampfli, Donald s. 150

Tønnessen, Anne-Ma s. 144 (n.)
Vegdirektoratet s. 65 (n.h.),
  184 (v.)
Verdens Gang (logo) s. 100

Tegninger:
Hege Bø: Leksjon 1–11
  Leksjon 19, s. 181 (n.)
Hege Bø og Elisabeth P. Langeland:
Leksjon 13, s. 127, 128, 130, 131
Leksjon 16, s. 158
Leksjon 17, s. 161, 163, 164
Leksjon 22, s. 204
Leksjon 23, s. 207, 208, 210, 211,
  213
Leksjon 24, s. 215, 218 (v.)
Leksjon 25, s. 221, 223
Leksjon 26, s. 230, 234
Leksjon 27, s. 238
Elisabeth P. Langeland:
Leksjon 12
Leksjon 13, s. 129, 132, 135
Leksjon 14–15
Leksjon 16, s. 152, 153, 154, 156,
  157, 160
Leksjon 17, s. 162, 165, 166
Leksjon 18–21
Leksjon 22, s. 201
Leksjon 23, s. 209, 212
Leksjon 24, s. 217, 218 (h.)
Freda Magnussen: s. 18 (ø.), 25,
  34, 35 (ø.), 42

Spørsmål om denne boken kan rettes til:
Fagbokforlaget
Postboks 6050 Postterminalen
5892 BERGEN
Tlf.: 55 38 88 00 Faks: 55 38 88 01
e-post: fagbokforlaget@fagbokforlaget.no
www.fagbokforlaget.no

Forord

Den foreliggende reviderte utgaven av læreverket **Ny i Norge** bygger i stor grad på utgaven fra 1990: Verket tar utgangspunkt i en kommunikativ undervisningsmodell der en parallelt arbeider med funksjoner, grammatikk og uttale. Tekster og arbeidsoppgaver er utformet slik at de skal passe både for ungdom og voksne.

Verket består av de samme komponentene som før: tekstbok, arbeidsbok, ordlister, lærerveiledning og øvinger i lytteforståelse. I tillegg blir det laget øvinger på CD-ROM. Tekstene fra tekstboka er innspilt som lydbok på CD. Ved å bruke denne kan elevene selv øve på uttale og tekstlesing hjemme.

Opplæringsplan i norsk med samfunnskunnskap for voksne innvandrere *(KUF 1998)* har ført til en del endringer i forhold til tematisk rekkefølge og progresjon. Verket er ment å dekke opplæringsplanens A-løp, modul 1 og 2, men kan også brukes for sterke kursdeltakere på B-løp. I innholdsfortegnelsen i tekstboka vil en kunne se hvilke leksjoner som blir behandlet under hver modul.

Tekstboka inneholder de samme elementene som den forrige utgaven, men har gjennomgått en del endringer. Antall leksjoner er redusert fra 30 til 27. I tillegg er det satt inn en samfunnsfaglig tekst på slutten av hver leksjon. I den leksjonsvise ordlista bak i boka er det laget en egen vokabularliste for disse tekstene. Til de samfunnsfaglige tekstene er det også laget oppgaver i arbeidsboka. Disse tekstene kan fungere som utgangspunkt for samtale om aktuelle temaer. I lærerveiledningen kan en finne forslag til måter å arbeide med de ulike temaene på.

Personene i boka er delvis beholdt, mens andre er nye. Målet er, som tidligere, at brukerne av boka i en viss grad kan identifisere seg med personene og deres livssituasjon.

Korrekt uttale er en viktig del av norsklæringen. **Ny i Norge** bruker et enkelt system med uttalemarkeringer som viser lyd, vokallengde og trykk. I lærerveiledningen forklares det nærmere hvordan man kan arbeide med uttalen. Lærerveiledningen inneholder dessuten ekstra uttaleøvinger for de ni første leksjonene.

Lydboka dekker tekstene og uttaledelen i tekstboka.

Arbeidsboka er nært knyttet til tekstboka. Den gir et variert tilbud av aktiviteter som øver inn grammatikk, vokabular og ulike måter å uttrykke funksjoner på. Videre finnes kommunikative parøvinger der to personer med forskjellig informasjon skal samtale med hverandre.

Øvinger i lytteforståelse består av 3 CD-er med innspilte tekster og et hefte med oppgaver. Disse muntlige tekstene tar opp ord, grammatikk og uttrykksmåter fra leksjonene, og som i tekstboka, øker vanskelighetsgraden etter hvert. Oppgavene til lytteøvingene gir god mulighet for differensiering.

Lærerveiledningen inneholder dels allmenne metodiske anvisninger, dels forslag til opplegg for leksjonene i boka. Den inneholder også et stort bildemateriale for kopiering til transparenter. Videre finnes ekstraøvinger for kursdeltakere som er ferdige med oppgavene i arbeidsboka, og for kursdeltakere som trenger mer øving. I lærerveiledningen finnes også prøver som viser om kursdeltakerne har fått med seg de viktigste momentene i undervisningen.

Ordlister. Det blir utgitt ordlister til svært mange av innvandrerspråkene og til engelsk, tysk, fransk og spansk.

CD-ROM-en vil blant annet være et hjelpemiddel til å trene uttale og grammatikk.

Jeg håper at brukerne av det reviderte læreverket vil forstå og være tilfreds med de valgene som er tatt. En stor takk går til alle som har kommet med fruktbare innspill gjennom å delta i markedsundersøkelsen om revisjonen av **Ny i Norge**.

Sissel Wood, undervisningsinspektør ved Nygård skole, har vært faglig og pedagogisk konsulent. Per Lien, Berit Veidel og Thor Jørgen Kristiansen har kommet med innspill fra forlagets side. En stor takk går til alle fire for konstruktiv kritikk og uunnværlig støtte under hele prosessen.

Å revidere et så solid, gjennomtenkt og gjennomarbeidet læreverk som **Ny i Norge** har vært en utfordring og en glede. Oppgaven er utført med stor respekt for de pedagogiske og metodiske tanker som Gerd Manne la til grunn for sitt arbeid.

Gölin Kaurin Nilsen

Innhold

8

Side	Leksjon	Uttale	Grammatikk	Ord og uttrykk/funksjoner	Samfunnsfag	Modul
192	21 A: Hvor har du vondt?		Adverb: stedsadverb	Bestille time hos lege Gå til lege	Helse i Norge	2
193	21 B: Indira får vondt i ryggen			Fortelle hvor en har vondt Spørre hvordan noen har det		
194	21 C: Indira bestiller time			Tilby hjelp og uttrykke medfølelse		
194	21 D: Hos legen					
200	22 A: Noen venter på brev fra deg		Subjunksjoner: når – da Ordstilling ved tidsuttrykk	Skrive et uformelt brev Skrive postkort Uttrykke følelser og stemninger	Hva er høflig og hva er uhøflig?	2
201	22 B: Kjære mor og far!					
207	23 A: Et fotoalbum		Adjektiv: komparasjon Utbrytning: «Det er jeg som ...»	Fortelle om familien Beskrive et bilde og beskrive en person Be noen om å beskrive et bilde eller en person Sammenlikne	Viktige tidspunkt i en nordmanns liv	2
208	23 B: Tors familie					
209	23 C: Fotografiet til Carlos					
210	23 D: Fotografiet til Per					
215	24 A: Blir du med …?		Pronomen: refleksivt eiendomspronomen	Foreslå noe Invitere noen med på noe Svare positivt, negativt eller nølende på et forslag Diskutere tid, sted og pris Fortelle hvordan en liker en film/bok	Norway Cup	2
216	24 B: Blir du med på fotballkamp, Liv?					
217	24 C: Hvem vant?					
221	25 A: Hva står på menyen?		Fordi – derfor Plassering av leddsetning	Snakke om høytider Bestille bord på restaurant Bestille mat på restaurant Si hvordan maten smaker Diskutere (tror, synes, mener) og begrunne standpunkter	Høytider og merkedager i Norge: Jul Påske 17. mai Sankthans	2
222	25 B: Et julebesøk					
222	25 C: En julemiddag					
223	25 D: Smakte maten?					
228	26 A: Her er timeplanen til Per		Ordstilling i leddsetning med negasjon Subjunksjoner	Forskjellige måter å spørre på Uttrykke enighet og uenighet	Skolen i Norge SFO	2
229	26 B: Skolen i Norge					

1 A Hei!

Hvem er dette?

Det er Larissa.   Det er Urai.   Det er John.

B Hvor er de fra?

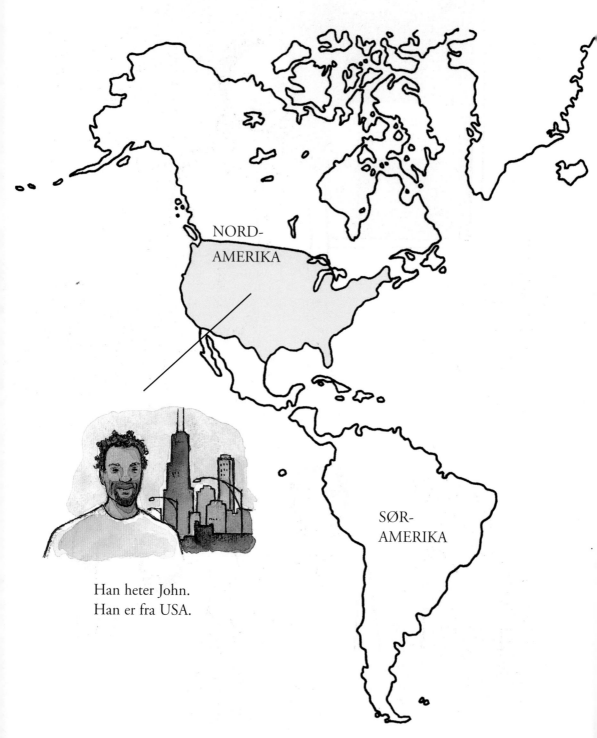

NORD-
AMERIKA

SØR-
AMERIKA

Han heter John.
Han er fra USA.

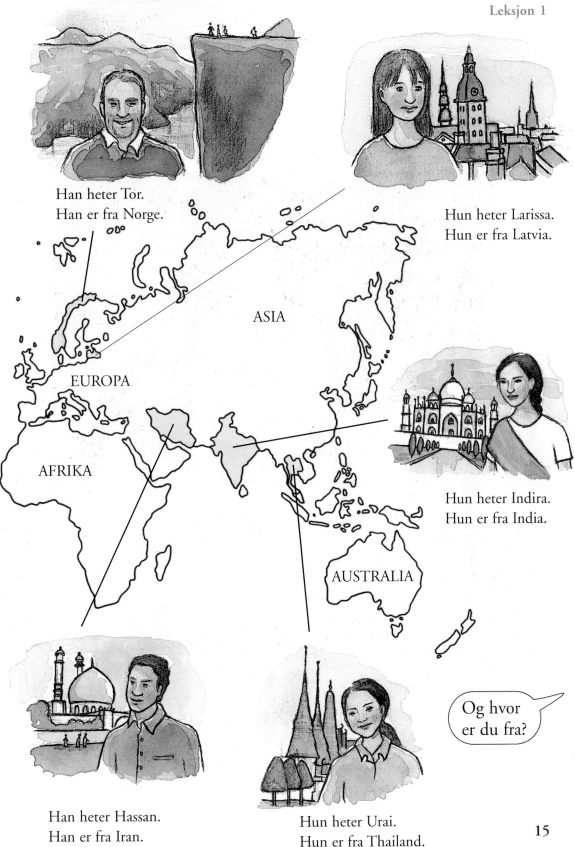

Han heter Tor.
Han er fra Norge.

Hun heter Larissa.
Hun er fra Latvia.

ASIA

EUROPA

Hun heter Indira.
Hun er fra India.

AFRIKA

AUSTRALIA

Og hvor er du fra?

Han heter Hassan.
Han er fra Iran.

Hun heter Urai.
Hun er fra Thailand.

15

C Jeg heter Tor

Tor:	Hei. Jeg heter Tor. Hva heter du?
Larissa:	Jeg heter Larissa.
Tor:	Jeg er fra Norge. Hvor er du fra?
Larissa:	Jeg er fra Latvia.
Tor:	Hva heter du?
John:	Jeg heter John.
Tor:	Er du fra USA?
John:	Ja, jeg er fra Chicago.
Tor:	Hva heter du?
Indira:	Indira.
Tor:	Er du fra India eller Pakistan?
Indira:	Jeg er fra India.
Tor:	Og hva heter du?
Urai:	Urai.
Tor:	Larissa og jeg er fra Europa. Er dere fra Europa, Urai og Indira?
Urai:	Nei, vi er fra Asia. Jeg er fra Thailand.
Tor:	Og hva heter du?
Hassan:	Jeg heter Hassan og er fra Iran.

Ha det bra!

Ha det!

Uttale

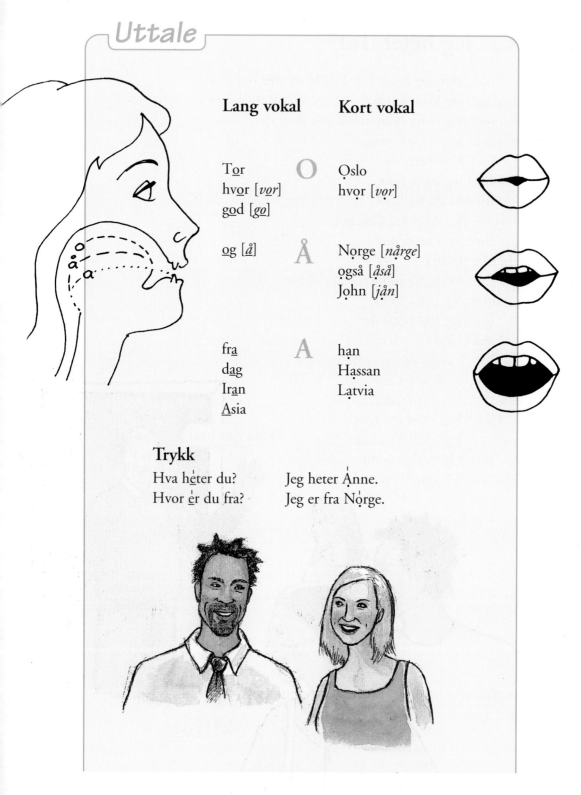

Lang vokal		Kort vokal
Tor	O	Oslo
hvor [vor]		hvor [vor]
god [go]		
og [å]	Å	Norge [nårge]
		også [åså]
		John [jån]
fra	A	han
dag		Hassan
Iran		Latvia
Asia		

Trykk

Hva heter du?   Jeg heter Anne.
Hvor er du fra?   Jeg er fra Norge.

Hva heter hun?   Hun heter Maria.
Hvor er hun fra?   Hun er fra Argentina.

Du skriver

Hvem er det?

Det er Per og Kari.

Er de fra Norge?

Ja, og Tor er også fra Norge.

Du sier

[*vem ær de*]

[*de ær per å kari*]

[*ær di·fra nårge*]

[*ja, å tor ær åså fra nårge*]

Grammatikk

Spørsmål	Svar
– **Hva** heter du?	– Jeg heter Tor.
– **Hvor** er du fra?	– Jeg er fra Norge.
– **Hvem** er det?	– Det er Larissa.
– Heter han John?	– Ja.
– Er han fra Iran?	– Nei.

Ordstilling

	2	
Han	heter	Tor.
Tor	er	fra Norge.
Han	er	norsk.
Hva	heter	du?
Hvor	er	du fra?
	Heter	han Tor?
	Er	Tor fra Norge?

Regel: Verbet har plass nr. 2.

Ord og uttrykk

Hei!	Jeg heter …	Ha det!
God dag!	Jeg er fra …	Ha det bra!
God morgen!	Jeg kommer fra …	Vi snakkes!
	Hva heter du?	Vi ses!
	Hvor er du fra?	
	Hvor kommer du fra?	

Samfunnsfag

Tromsø

Trondheim

Svalbard

Tromsø

Trondheim

Bergen

Bergen

Oslo

Oslo

Kristiansand

N
V Ø
S

Kristiansand

21

2 A Hvordan staver du ...?

Hvordan staver du «Tor»?

T - O - R

Hvordan skriver du «Pedersen»?

P - E - D - E - R - S - E - N

Kan du stave navnet ditt?

Alfabetet

1 A [a]	2 B [be]	3 C [se]	4 D [de]	5 E [e]	6 F [ef]	7 G [ge]
8 H [hå]	9 I [i]	10 J [je]	11 K [kå]	12 L [el]	13 M [em]	14 N [en]
15 O [o]	16 P [pe]	17 Q [ku]	18 R [ær]	19 S [es]	20 T [te]	21 U [u]
	22 V [ve]	23 W [dåbelt-ve]	24 X [eks]	25 Y [y]	26 Z [set]	
		27 Æ [æ]	28 Ø [ø]	29 Å [å]		

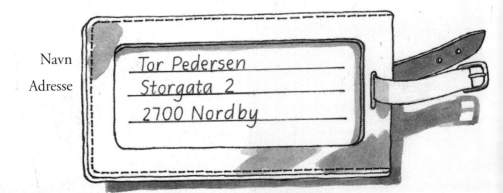

Navn

Adresse

Tor Pedersen
Storgata 2
2700 Nordby

B Tors familie

Tor Pedersen er fra Bergen.
Han er lærer i norsk.
Han kan også snakke engelsk og spansk.
Han bor i Storgata 2 i Nordby.
Han er gift. Tors kone heter Liv.
De har to barn, en gutt og ei jente.
De heter Per og Kari.

C Tor og John

Hvor er du fra?

Bergen.

Unnskyld?

Jeg sier
at jeg er fra Bergen.

Tor: John, hvordan staver du Smith?

John: S - M - I - T - H.

Tor: Hvor bor du?

John: I Tunveien 10.

Tor: Bor du alene?

John: Nei, jeg er gift. Kona mi heter Anne.
          Vi har en gutt.

Tor: Hva heter han?

John: Han heter Tom. Har dere også barn?

Tor: Ja, vi har en gutt og ei jente.
          Per er 14 år, og Kari er 5.
          Hvor gammel er Tom?

John: 4 år.

Tor: Når kom du til Norge?

John: Jeg kom til Norge for to måneder siden.
          Kona mi er norsk.

Tor: Snakker dere engelsk hjemme?

John: Unnskyld …? Kan du gjenta?

Tor: Jeg spør om dere snakker engelsk hjemme.

John: Nei, vi prøver å snakke norsk hjemme.
          Tom går i norsk barnehage, og jeg går
          på norskkurs.
          Men – det er vanskelig å snakke norsk,
          og det er lett å snakke engelsk …

Uttale

Lang vokal		Kort vokal
ti		til
Liv	**I**	gift [jift]
familie		
fire		
vi		

Per		jente
heter	**E**	eller
dere		lett

er [ær]		Bergen [bærgen]
lærer	**Æ**	

Konsonanter

b - p:	d - t:	g - k:	v - f:	v - b:
ber - Per	do - to	gutt - kutt	hvem - fem	vi - bi
bar - par	de - ti	gå - K_	vin - fin	var - bar

Trykk

Tor er lærer.   Jeg sier at Tor er lærer.

Liv er gift.   Jeg sier at Liv er gift.

John snakker norsk.   Jeg sier at John snakker norsk.

Per bor i Storgata.   Jeg sier at Per bor i Storgata.

Du skriver

Tor er gift.

Har de også barn?

Kan du gjenta?

Er det vanskelig å snakke norsk?

Du sier

[tor ær jift]

[har di åså barn]

[kan du jenta]

[ær de vanskeli å snake nårsk]

Grammatikk

Pronomen

John ──────────▶ han
Anne ──────────▶ hun

jeg + du ──────▶ vi
du + du ───────▶ dere
Anne og John ──▶ de

Jeg er fra Norge.
Du er også fra Norge, Liv.
John er ikke fra Norge.
Anne er ikke fra USA.
Du og jeg er fra Norge.
Du og Per er fra Norge.
John og Larissa er ikke fra Norge.

Han er fra USA.
Hun er fra Norge.
Vi er fra Norge.
Dere er fra Norge.
De er ikke fra Norge.

Genitiv

John er gift.　　　　　　**Johns kone** heter Anne.
Kari har en bror.　　　　**Karis bror** er 14 år.
Liv og Tor har ei jente.　**Liv og Tors jente** heter Kari.

Ordstilling

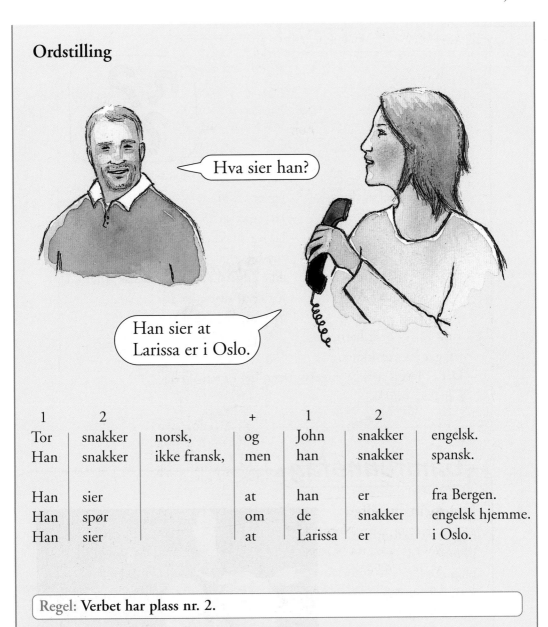

1	2		+	1	2	
Tor	snakker	norsk,	og	John	snakker	engelsk.
Han	snakker	ikke fransk,	men	han	snakker	spansk.
Han	sier		at	han	er	fra Bergen.
Han	spør		om	de	snakker	engelsk hjemme.
Han	sier		at	Larissa	er	i Oslo.

Regel: Verbet har plass nr. 2.

27

Ord og uttrykk

– Unnskyld?
– Hva sier du?
– Kan du gjenta?

– Hvor bor du?	– Jeg bor i …
– Hvor gammel er du?	– Jeg er … år.
– Er du gift?	– Ja, jeg er gift./ Nei, jeg er ikke gift.
– Snakker du …?	– Ja, jeg snakker engelsk, spansk, russisk, thai, … / Nei, jeg snakker ikke engelsk, spansk, russisk, thai, …
– Når kom du til Norge?	– Jeg kom til Norge for … måneder/år siden.

– Tom går i norsk barnehage.
– Jeg går på norskkurs.
– Det er **lett** å snakke engelsk, men det er **vanskelig** å snakke norsk.

Samfunnsfag

Kronprinsfamilien

Haakon er kronprins
i Norge.
Han er gift.
Kona til Haakon heter
Mette-Marit.
Kronprinsesse
Mette-Marit har en gutt.
Han heter Marius.
Mette-Marit og
Haakon har to barn:
Ingrid Alexandra
og Sverre Magnus.

3 A Hva er klokka?

Hva er klokka?

Den er ett.

Klokka er ett.

Den er kvart over ett.

Den er halv to.

Den er kvart på to.

Den er to.

Fem over to.

Ti over to.

Ti på halv tre.

Fem på halv tre.

Fem over halv tre.

Ti over halv tre.

Ti på tre.

Fem på tre.

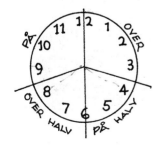

Hvor mye er klokka?

B Hva gjør du?

Når står du opp?

Når spiser du frokost?

Når begynner du å jobbe?

Hvor arbeider du?

Spiser du lunsj klokka 12?

Når slutter du på jobben?

Når spiser du middag?

Når er du på norskkurs?

C Larissa er au pair

Larissa arbeider hos familien Olsen.
Hun står opp klokka halv sju.

Hun vekker Gunnar og Ingrid
klokka kvart på sju.

De spiser frokost klokka sju.

De tar bussen klokka kvart på åtte.

Gunnar begynner på skolen
klokka kvart over åtte.

Larissa og Ingrid tar bussen
hjem klokka halv ni.

De leker mellom klokka halv ti
og elleve.

Larissa og Ingrid spiser lunsj
klokka halv tolv.

Gunnar slutter på skolen klokka
kvart over to.

Larissa lager middag klokka kvart
på fire. De spiser middag klokka
halv fem.

Larissa er på kurs i norsk mellom
seks og åtte to dager i uka.

Hun sover fra klokka halv elleve til
klokka halv sju.

D En timeplan

Tid/Dag	Mandag	Tirsdag	Onsdag	Torsdag	Fredag
1800-1845		Rom 103 Lærer: Tor Pedersen		Rom 103 Lærer: Tor Pedersen	
1900-1945					

5 Mandag
6 Tirsdag *Norsk klokka seks*
7 Onsdag
8 Torsdag *Norsk klokka seks*
9 Fredag
10 Lørdag
11 Søndag

Uttale

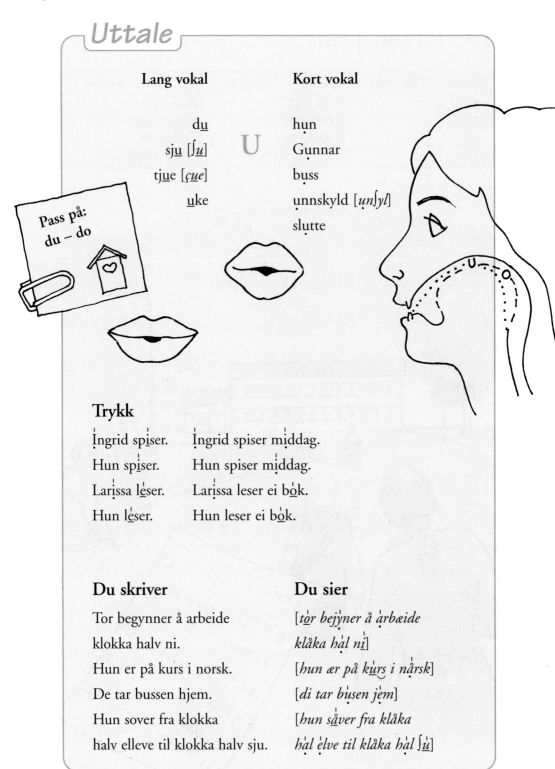

Lang vokal		Kort vokal
du		hun
sju [ʃu]	U	Gunnar
tjue [çue]		buss
uke		unnskyld [unʃyl]
		slutte

Pass på:
du – do

Trykk

Ingrid spiser. Ingrid spiser middag.

Hun spiser. Hun spiser middag.

Larissa leser. Larissa leser ei bok.

Hun leser. Hun leser ei bok.

Du skriver

Tor begynner å arbeide

klokka halv ni.

Hun er på kurs i norsk.

De tar bussen hjem.

Hun sover fra klokka

halv elleve til klokka halv sju.

Du sier

[tor bejynner å arbæide

klåka hal ni]

[hun ær på kurs i nårsk]

[di tar busen jem]

[hun såver fra klåka

hal elve til klåka hal ʃu]

Grammatikk

Verb

Infinitiv	Presens
å spise	spiser
å gå	går
å stå	står
å vekke	vekker
å begynne	begynner
å snakke	snakker
å sove	sover
å ta	tar
å være	er
å gjøre	gjør

Jeg kan også snakke norsk.

Jeg begynner **å spise.**   Jeg **spiser.**
Jeg prøver **å vekke** barna.   Jeg **vekker** barna.
Jeg prøver **å stå** opp.   Jeg **står** opp.
Jeg begynner **å arbeide.**   Jeg **arbeider.**
Jeg prøver **å snakke** norsk.   Jeg **snakker** norsk.

Jeg kan **snakke** norsk.   Jeg **snakker** norsk.
Jeg kan **lage** middag.   Jeg **lager** middag.
Jeg kan **ta** bussen til Stavanger.   Jeg **tar** bussen til Stavanger.
Jeg kan **være** her til klokka 4.   Jeg **er** her til klokka 4.

Hjem – hjemme

Han går **hjem.**   Han er **hjemme.**

Tall

0	null	15	femten	30	tretti (tredve)
1	en, ett	16	seksten	40	førti
2	to	17	sytten	50	femti
3	tre	18	atten	60	seksti
4	fire	19	nitten	70	sytti
5	fem	20	tjue (tyve)	80	åtti
6	seks	21	tjueen	90	nitti
7	sju (syv)	22	tjueto	100	(ett) hundre
8	åtte	23	tjuetre	101	hundreogen
9	ni	24	tjuefire	226	tohundreogtjueseks
10	ti	25	tjuefem	1000	(ett) tusen
11	elleve	26	tjueseks	1200	ettusentohundre
12	tolv	27	tjuesju	10 000	ti tusen
13	tretten	28	tjueåtte	100 000	hundre tusen
14	fjorten	29	tjueni	1 000 000	en million

1 000 000 000 = en milliard
1 000 000 000 000 = en billion

Ord og uttrykk

– Hva er klokka?
– Hvor mye er klokka?
– Når står du opp?
– Hva gjør du klokka tolv?

– Når lager du middag?
– Jeg arbeider fra … til …
– Ingrid leker mellom … og …

NEW YORK 02:00

LONDON 07:00

OSLO  08:00

TOKYO 16:00

Ukedagene

mandag   tirsdag   onsdag   torsdag   fredag   lørdag   søndag

Samfunnsfag

Tid i Norge

Når går bussen?

Klokka fem over fem. Presis!

Når begynner timen?

Vi begynner klokka seks. Presis!

Unnskyld at jeg kommer for seint!

Tida flyr!

A Er du tørst?

Vil du ha noe å drikke?

Hva vil du ha å drikke?

Vil du ha melk?

Liker du øl?

vann

melk

saft

jus

brus

kaffe

vin

øl

te

Nei takk, jeg er ikke tørst.

Ja takk, kan jeg få et glass brus?

Jeg har lyst på en kopp kaffe.

Ja takk, jeg vil gjerne ha et glass melk.

Nei takk, jeg drikker ikke øl.

B Er du sulten?

Vil du ha
noe å spise?

Hva vil du
ha å spise?

Vil du ha ei
brødskive?

Liker du
syltetøy?

et brød	ei brødskive	et rundstykke	smør	ost
ei skive med ost	syltetøy	skinke	et egg	

Nei takk, jeg
er ikke sulten.

Jeg har lyst på ei
skive med skinke.

Ja, jeg vil gjerne
ha syltetøy.

Ja takk, jeg vil
gjerne ha ei skive.

C Urai besøker Larissa

> Vær så god.

> Takk.

Urai besøker Larissa
og Ingrid. De spiser
lunsj sammen.

Larissa: Vil du ha kaffe
eller te, Urai?

Urai: Jeg tar gjerne litt te. Jeg drikker ikke kaffe, skjønner du.

Larissa: Bruker du sukker?

Urai: Ja takk. Har du litt melk også?

Larissa: Ja, vær så god. Vil du ha ei skive eller et rundstykke?

Urai: Jeg tar gjerne et rundstykke.

Ingrid: Er det loff eller grovbrød?

Larissa: Det er grovbrød i dag.

Ingrid: Ikke loff?

Larissa: Nei, Ingrid, ikke loff. Vil du ha ei skive?

Ingrid: Ja takk. Kan jeg få syltetøy på?

Larissa: Nei, vi har ikke syltetøy. Vi må handle i dag.
Men vi har ost og skinke. Hva vil du ha?

Ingrid: Ost.

Urai: Jeg tar gjerne ost, jeg også. Jeg liker ikke skinke.

Ingrid: Har vi is?

Larissa: Ja, vi har is, men du må vente …
Urai, vil du ha ei skive til?

Urai: Nei takk, jeg er forsynt. Men jeg tar gjerne
litt is sammen med Ingrid.

Ingrid: Kan jeg få brus også, Larissa?

Larissa: Nei, Ingrid, ikke i dag!

Ingrid: Urai vil kanskje ha brus, Larissa …

D Ingrid og Larissa kjøper mat

Ingrid og Larissa er i butikken og kjøper mat. Larissa har med handlelapp. De tar en handlevogn. Larissa finner melk, brød og kaffe. Ingrid finner syltetøy og blir glad. De trenger matpapir til skolematen til Gunnar. Men de finner ikke matpapir. Ingrid sier at de kan spørre en dame.

– Unnskyld, hvor finner vi matpapir?

– Der borte til høyre.

– Takk. Og hvor finner vi egg?

– Der til venstre.

– Tusen takk.

Larissa tar en pakke med tolv egg. Hun tar også en boks fiskeboller og et kilo poteter.
Ingrid vil ha sjokolade.

– Kan jeg få en sjokolade, Larissa?

– Nei, ikke i dag.

– Du sier alltid: Ikke i dag, ikke i dag.

– Nettopp: Ikke i dag.

Damen i kassen smiler. Larissa betaler, og de går hjem.

3 ℓ. melk
1 brød
1 pose kaffe
syltetøy
ermatpapir
1 pk egg

41

Uttale

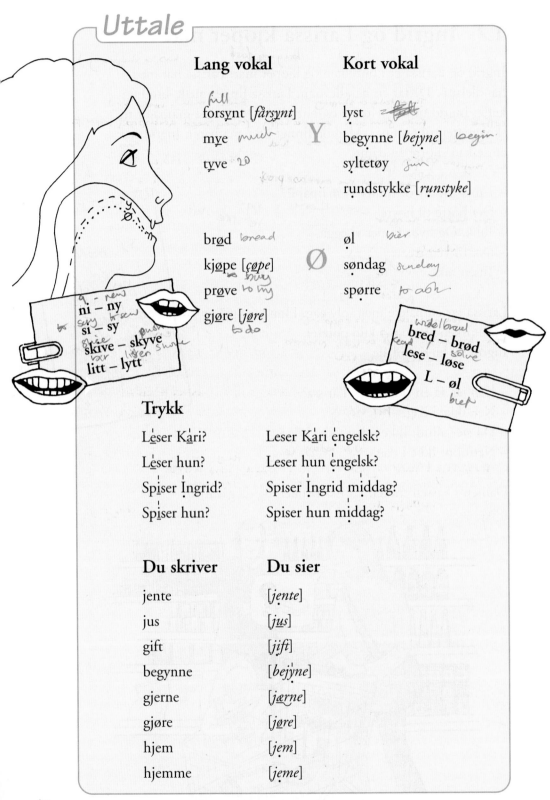

Lang vokal	Kort vokal

Lang vokal

forsynt [fårsynt]

mye

tyve

brød

kjøpe [çøpe]

prøve

gjøre [jøre]

Kort vokal

lyst

begynne [bejyne]

syltetøy

rundstykke [runstyke]

øl

søndag

spørre

Y

Ø

ni – ny
si – sy
skive – skyve
litt – lytt

bred – brød
lese – løse
L – øl

Trykk

Leser Kari?   Leser Kari engelsk?

Leser hun?   Leser hun engelsk?

Spiser Ingrid?   Spiser Ingrid middag?

Spiser hun?   Spiser hun middag?

Du skriver   Du sier

jente   [jente]

jus   [jus]

gift   [jift]

begynne   [bejyne]

gjerne   [jærne]

gjøre   [jøre]

hjem   [jem]

hjemme   [jeme]

Grammatikk

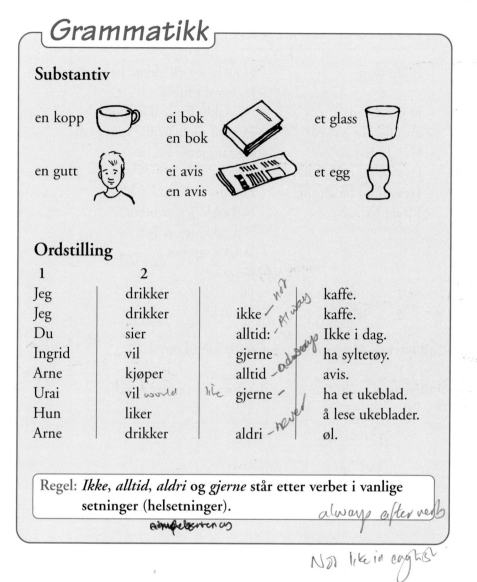

Substantiv

en kopp

ei bok
en bok

et glass

en gutt

ei avis
en avis

et egg

Ordstilling

1	2		
Jeg	drikker		kaffe.
Jeg	drikker	ikke	kaffe.
Du	sier	alltid:	Ikke i dag.
Ingrid	vil	gjerne	ha syltetøy.
Arne	kjøper	alltid	avis.
Urai	vil	gjerne	ha et ukeblad.
Hun	liker		å lese ukeblader.
Arne	drikker	aldri	øl.

Regel: *Ikke, alltid, aldri* og *gjerne* står etter verbet i vanlige setninger (helsetninger).

Ord og uttrykk

– Er du tørst?   – Ja takk, jeg vil gjerne ha et glass vann.
                                        – Ja, har du melk?

– Er du sulten?   – Nei takk, jeg er ikke sulten.
– Hva har du lyst på?   – Et glass melk hadde vært godt.
– Har du lyst på ...?   – Jeg tar gjerne litt jus.
– Hva vil du ha å drikke?   – Kan jeg få ...?
– Hva vil du ha å spise?   – Har du ...?
– Vil du ha ...?   – Nei takk, jeg er mett.
                                        – Nei takk, jeg er forsynt.
                                        – Ja takk, gjerne.
                                        – Ja takk.
                                        – Ja.
                                        – Nei takk.

til høyre – Matpapiret ligger der borte til høyre.

til venstre – Du finner egg der borte til venstre.

Samfunnsfag

Norske matvarer

Liker du

leverpostei? *ikke pålse*
fårepølse? *- Lamb sausage*
brunost? *= brown cheese*
fiskeboller?

- fårepølse

Matpakke *= greenbrot*

Gunnar goes to school. He has/tube lunch with him 2 slices of bread

Gunnar går på skolen. Han har med matpakke: to brødskiver
med brunost. Han kan få melk på skolen. *with brown cheese, he can get milk at school*
Anne arbeider på kontor. Hun spiser lunsj klokka halv tolv. Hun *Anne works in an office. She eats lunch 12.30 she*
har med matpakke: ei skive med ost og ei skive med leverpostei. *also has a pack lunch a slice with cheese and a slice with leverpost*
Hun kjøper kaffe på jobben. *she buys coffee at work*

en konter = office
2 kontorer = offices

B Hassan sender en e-post

Hassan sitter og tenker på en venn
i Iran. Vennen heter Ali.

Ali går på skole i Teheran. Hassan er
flyktning og bor i Nordby.

Hassan sykler til biblioteket.
Han vil sende en e-post til Ali.

Hassan er på biblioteket. Han finner
en PC og begynner å skrive.

Han forteller om Norge og om reisen
gjennom Europa.

Han leter også etter nyheter fra Iran
på Internett. Han lengter hjem. Han
tenker på mora og faren og på Ali.

7

Hassan kjøper ei avis på veien hjem.
Han kjøper også en banan og et eple.

8

Han spiser bananen. Han er litt
trist. Det er langt fra Norge til Iran.

9

Han treffer Larissa. Hun er sammen
med Ingrid. Larissa bærer en pose
med varer.

10

Hassan tar posen, og Larissa blir glad.
De går og snakker.

11

Hassan sykler hjem. Han er ikke så
trist nå.

12

Hassan vil gå på kino om kvelden.
Det går en fransk film om kjærlighet.

Uttale

Lang og kort vokal

Lang a	**Kort a**
a + ingen eller én konsonant	a + flere konsonanter

mat

flaske	glass

ta	navn	vann
bra	saft	takk
dag	salt	mamma
dame	fransk	snakke
	mandag	gammel

Lang e	**Kort e**
e + ingen eller én konsonant	e + flere konsonanter
	more

leke *play*

melk	tretten

te *tea*	jente	dette
tre *three*	seks	etter
lese =	England [eŋlan]	hjemme [jeme]
dere	tenke [teŋke]	treffe
se *to see*	lengte [leŋte]	legge

kjærlighter
love
(general)

jeg elsker deg
I love you

å elske – to love
(person + thing)

Lang i
i + ingen eller én konsonant

skive [ʃive]

vi

vin

liter

spise

skrive

Kort i
i + flere konsonanter

film	nitti
skinke [ʃinke]	middag
gift [jift]	ikke
India *India*	drikke
indisk *=Indwän*	sitte
finne	trist

Trykk

Når spiser Kari?

Når spiser hun?

Når spiser Kari middag?

Når spiser hun middag?

Hvor bor Hassan?

Hvor bor han?

Hvor tar Hassan bussen?

Hvor tar han bussen?

Hva gjør Larissa?

Hva gjør hun?

Når leser Larissa norsk?

Når leser hun norsk?

Du skriver

Jeg sitter og tenker på en film.

Han står og snakker med Ola.

Hun ligger og lengter hjem.

Ola går og ser etter Eva.

Du sier

[jæi siter å tenker på en film]

[han står å snaker me ola]

[hun liger å lenter jem]

[ola går å ser eter eva]

common gender
(masculine gender together)

Grammatikk

Substantiv

masculine

	(feminen)	*neuter*
en venn – vennen *unique*	ei kone – kona	et barn – barnet
	en kone – konen	
en gutt – gutten	ei bok – boka	et brev – brevet *(letter)*
	en bok – boken	
en butikk – butikken	ei avis – avisa	et kurs – kurset
	en avis – avisen	

I have a friend   *the friend is called*

Jeg har en venn. **Vennen** heter Jon.

 Jon har ei kone. **Kona** heter Eva.

 Eva har et barn. **Barnet** heter Ola.

 Ola har en lærer. **Læreren** heter Lise.

looks for a book   *The Book is called*

 Lise leter etter ei bok. **Boka** heter *Ny i Norge*.

The Book lies under the letter

Boka ligger under et brev. **Brevet** er til Tor.

connecting words
on
at
after
about
too

Verb + preposisjon

(on)

Think of something tenke **på** noen
To look after something lete **etter** noe *(something)*
To tell about something fortelle **om** noe *(about)*
To write to somebody skrive **til** noen *(to)*

Ord og uttrykk

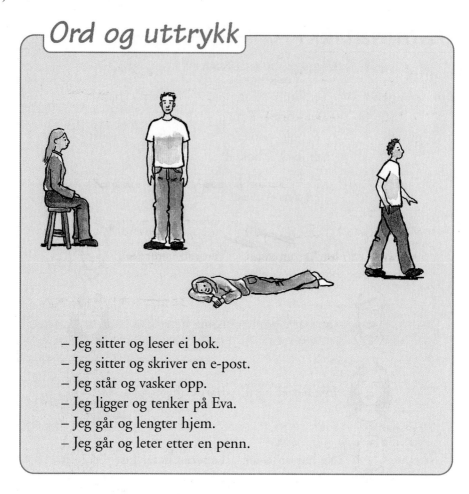

– Jeg sitter og leser ei bok.

– Jeg sitter og skriver en e-post.

– Jeg står og vasker opp.

– Jeg ligger og tenker på Eva.

– Jeg går og lengter hjem.

– Jeg går og leter etter en penn.

Samfunnsfag

Nyheter på Internett (neuter)

Du kan lese nyheter fra alle land på Internett. *You can read the news from all countries on the internet*

Har skolen din Internett? *Have your school got internet*

Har biblioteket Internett? *Has your library g internet*

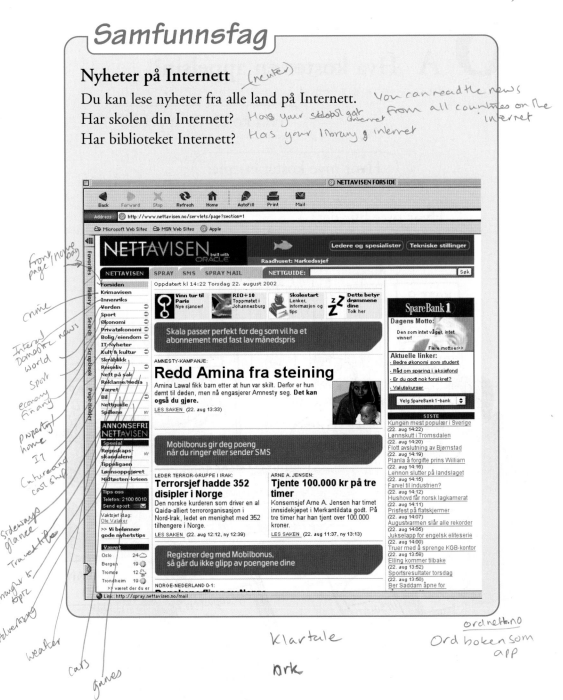

front page/main page
crime
Internal Domestic news
world
Sport
economy finans
property home
IT
Cultural and cool stuff
Sideways glance
Travel tips
Smug + topic
Advertising
weather
cars
games

Klartale

NRK

ordnett.no
Ordboken som app

6 A Hva koster en appelsin?

B Hassan i kiosken

A: Kan jeg hjelpe deg?

Hassan: Ja takk. Kan jeg få Dagbladet?

A: Det er dessverre utsolgt.

Hassan: Har du VG?

A: Ja, vær så god. Noe annet?

Hassan: Ja, en banan og et eple.

A: Bananen koster 3,50 og eplet 4,-.
Det blir 17,50.

Hassan: Her er 20 kroner.

A: To kroner og 50 øre
tilbake, vær så god.

Hassan: Takk.

C John på postkontoret

John: Hei! Jeg skal sende en pakke til Chicago, USA.
Hva koster det?

B: Jeg skal veie den. Den veier 4 kilo.
Det blir 360 kroner.

John: Jeg har et postkort også.

B: Skal det også til USA?

John: Ja, hvor mye blir det?

B: Det blir 370 kroner til sammen.

John: Vær så god!

B: 30 kroner tilbake, vær så god.

John: Mange takk.

BREV · PAKKER · FRIMERKER

D Urai i banken

[handwritten: bank]

Urai: Hei! Jeg vil gjerne veksle 50 dollar i norske kroner.
[handwritten: can I exchange femti]

   C: Skal vi se … Kursen er 8,50.
[handwritten: lesse rate]

       Det blir 425 kroner. Vær så god. _[handwritten: fire hundre og tjuefem]_

Urai: Jeg skal også sende 1000 kroner til Thailand.

   C: Javel. Her er et skjema for å overføre penger.

[handwritten: fills out form and gives it back]

Urai fyller ut skjemaet og gir det tilbake.

[handwritten: elleve tusen og tjue]

   C: Det blir 1120 kroner med gebyr. _[handwritten: (with the change commision)]_

Urai: Det er greit. Her er kontonummeret. _[handwritten: (That's ok/fine)]_

   C: Takk. _[handwritten: change That is commission]_ _[handwritten: Here is the account No.]_

E Indira på biblioteket

at the libraren

å låne = to borrow

Indira: Hei! Jeg vil gjerne ha et lånekort. *I would like to have a (library card)*

   E: Ja, skal vi se ... Bor du her i Nordby? *Yes, we shall see* *(Do you live here in Norby)*

Indira: Ja, jeg bor i Strandgata 4. *Beach* *Price*

   E: Hva heter du? *What is your name*

Indira: Indira Krishnan.

   E: Kan du stave etternavnet? *(surname)*

Indira: K–R–I–S–H–N–A–N.

   E: Takk. Når er du født? *Thank. When were you born* *nitten åttito*

Indira: 05.08.1982. *femte attende*

   E: Kan du skrive under her? *kan you write under here (sign here)*

Indira skriver under på skjemaet. *form (et skjema)*

Indira: Vær så god.

   E: Takk. Har du legitimasjon? *(ID)*

Indira: Ja, vær så god.

   E: Det er fint. Her er lånekortet. *That's fine Here is library card* *(don't say g)*

   Kortet er elektronisk. Du får en personlig kode. *Card is electronic get* *(you get a personal code / pin no)*

Indira finner ei bok. Hun får hjelp til å bruke lånekortet. *finds a book She needs help to use the library card*

Hun går hjem og begynner å lese i boka. *She goes home and begins to read the book.*

Uttale

Lang og kort vokal

Lang o	**Kort o**	
o + ingen eller én konsonant	o + flere konsonanter *more than 1 consonant*	*å spare (to save)*
		(pocket)

bok

ost

lomme

to	god	Oslo	hvordan [vo̞rdan]
bo	kode	fjorten (14) [fjo̞rten]	
kone		onsdag *Wednesday*	
krone		borte [bo̞rte] *(away)*	

Lang å

å + ingen eller én konsonant

I or none

hår

Kort å

å + flere konsonanter

tolv [tål]

klokke [klåke]

nå *now*	Norge [nårge]	kopp [kåp] *(cup)*
stå *stand*	norsk [nårsk]	åtte (8)
år *year*	post [påst]	åtti (80)
over [åver] *over*	morn [mårn] = *hello, morning*	komme [kåme]
sove [såve] *sleep*	koste [kåste] = *cost*	dollar [dålar]
	kort [kårt] = *card (noun) = short adjective*	

Trykk

ban<u>a</u>n bet<u>a</u>le geb<u>y</u>r dessv<u>e</u>rre pers<u>o</u>nlig ki<u>o</u>sk tilb<u>a</u>ke legitimasj<u>o</u>n

Du skriver	Du sier
Vær så god!	[*v<u>æ</u>rsego*]
Hva koster eplet?	[*va k<u>å</u>ster <u>e</u>ple*]
Det koster fem kroner.	[*de k<u>å</u>ster f<u>e</u>m kr<u>o</u>ner*]
Når er du født?	[*når <u>æ</u>r du f<u>ø</u>t*]

Grammatikk

Substantiv og pronomen

Substantiv Ubestemt form	Substantiv Bestemt form	Pronomen
en gutt	gutten	han = he
ei/en jente *a girl*	jenta/jenten *the girl*	hun = her /she
en banan	bananen	den = it (mas)
ei/en pære	pæra/pæren	den = it (fem)
et eple	eplet	det = it (neuter)

Where is the boy
– Hvor er gutten?   **Han** er i kiosken. *He is in the kioshi*
– Hvor er jenta? *Where is the girl*   **Hun** er i banken. *she*

– Hva koster bananen?   **Den** koster 3,50.
– Hva koster pæra?   **Den** koster 5,-.
– Hva koster eplet?   **Det** koster 4,-.

Jeg har en venn. **Vennen** heter Jon.
Han heter Jon.

 Jon har ei kone. **Kona** heter Eva.
Hun heter Eva.

 Eva har et barn. child (the) **Barnet** heter Ola.
Han heter Ola.

 Ola har en lærer. **Læreren** heter Lise.
Hun heter Lise.

 looks for a book Lise leter etter ei bok. **Boka** heter *Ny i Norge*.
Den heter *Ny i Norge*.
It is called

 Boka ligger under et brev. **Brevet** er til Tor.
(lies) **Det** er til Tor.

Hjelpeverb

[handwritten: (helping verbs/ modal verbs)]

[handwritten: -can]

kan – kan ikke

– Jeg **kan ikke** lese.
  Jeg er bare 5 år. *[handwritten: I am only 5]*
  Men Per **kan** lese. *[handwritten: my dad]*

[handwritten: want (nor future)]

vil – vil ikke

– Jeg **vil ikke** ta tran! *[handwritten: I will not take cod liver oil / don't want to]*
  Jeg **vil** ha melk. *[handwritten: I want to have melk]*
– Kari, du **må**! *[handwritten: you must/ have to]*

[handwritten: shall/will – future]

skal – skal ikke

– Jeg **skal ikke** være hjemme i
  morgen. *[handwritten: I will not be at home tomorrow]*
  Jeg **skal** reise til Oslo sammen
  med mor. *[handwritten: I will be going to travel to Oslo]*

[handwritten: = must + or have to]

må – må ikke *[handwritten: You must not ride your bike alone in the street]*

– Du **må ikke** sykle alene i gata!
  Du **må** passe deg for biler! *[handwritten: You must look out for cars]*

[handwritten: jeg vil gjerne spise / I would like to eat]

[handwritten: Jeg skal reise til Norge / I will travel to Norway]

61

Ordenstall

1. (den, det) første	11. ellevte
2. andre	12. tolvte
3. tredje	13. trettende
4. fjerde	14. fjortende
5. femte	15. femtende
6. sjette	16. sekstende
7. sjuende (syvende)	17. syttende
8. åttende	18. attende
9. niende	19. nittende
10. tiende	20. tjuende (tyvende)
	30. trettiende

Ord og uttrykk

– Kan jeg hjelpe deg?	– Ja takk.
	– Nei takk.
– Kan du hjelpe meg?	– Ja, selvfølgelig.
– Kan jeg få …?	– Det er dessverre utsolgt.
– Jeg vil gjerne ha …	– Ja, vær så god.
	– Nei, vi har ikke …
	– Vi har dessverre ikke … i dag.
– Hva koster …?	– Den/Det koster … kroner.
– Hvor mye koster …?	
– Hvor mye blir det?	– Det blir … kroner og … øre.
– Hva blir det?	

– Jeg vil gjerne veksle … i norske kroner.

– Kan jeg få veksle … i norske kroner?

– Hva er kursen for … i dag?

– Jeg skal sende … kroner til …

– Kan jeg få et skjema for å overføre penger?

– Jeg vil gjerne ha et lånekort.

– Kan jeg få lånekort?

– Har du legitimasjon?

– Kan jeg få se legitimasjon?

– Trenger du hjelp?

Samfunnsfag

Penger i Norge

1 krone = 100 øre

Mynter

50 øre

1 krone

5 kroner

10 kroner

20 kroner

Sedler

50 kroner

100 kroner

200 kroner

500 kroner

1000 kroner

Mål i Norge   *measurements*

1 liter (l) = 10 desiliter (dl) =
100 centiliter (cl) = 1000 milliliter (ml)

Vekt i Norge

1 kilo (kg) = 10 hekto (hg) = 1000 gram (g)

Lengde i Norge

1 mil = 10 kilometer (km)
1 km = 1000 meter (m)
1 meter (m) = 10 desimeter (dm) =
100 centimeter (cm) = 1000 millimeter (mm)

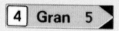

Legitimasjon

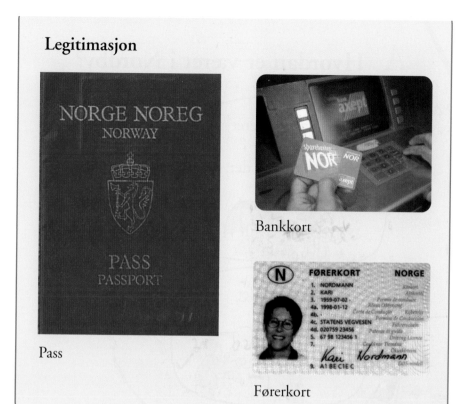

Pass

Bankkort

Førerkort

A Hvordan er været i Nordby?

B Årstider

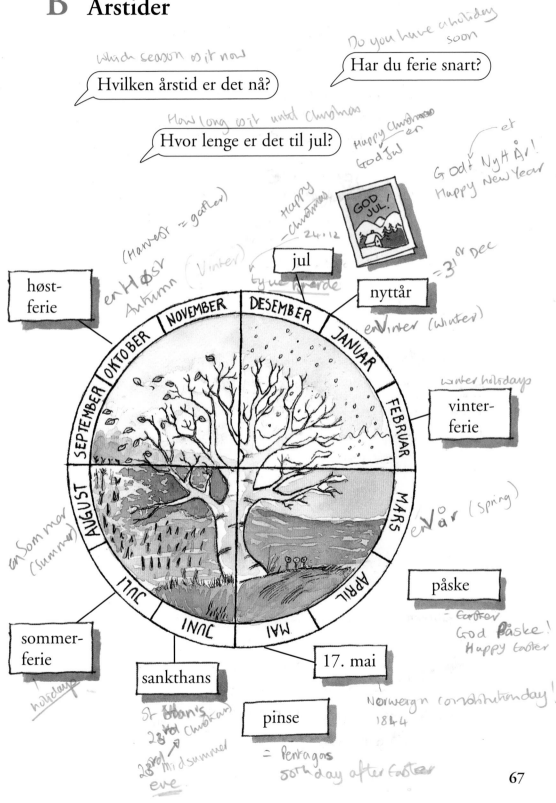

Hvilken årstid er det nå?

Har du ferie snart?

Hvor lenge er det til jul?

høst-
ferie

jul

nyttår

vinter-
ferie

påske

17. mai

sankthans

sommer-
ferie

pinse

C Urai har en nyhet

Urai er fra Thailand. Hun er gift.
Mannen til Urai heter Arne.
I dag kjører Arne Urai til norskkurset,
for det regner og blåser.

Klokka er kvart på seks.
På skolen treffer Urai John og Larissa.

    Urai: Uff, for et vær det er i dag! I Thailand er det aldri så kaldt.
    John: Ja, det er lett å bli deprimert om høsten.
Larissa: Hva betyr **deprimert**, John?
    John: Det betyr **trist**.
Larissa: Men du ser ikke trist ut, Urai?
    Urai: Nei, jeg har vært hos legen i dag.
    John: Å?
    Urai: Jeg er gravid!
Larissa: Så gøy! Gratulerer!
    John: Ja, gratulerer, Urai. Når kommer barnet?
    Urai: I februar. Jeg har termin 15. februar.
    John: Da blir det et vinterbarn. Gleder du deg?
    Urai: Ja, men jeg må slutte på norskkurset i februar.
           Det er dumt. Jeg må fortelle det til Tor.

D Et skjema

Urai er gravid. Hun har termin i februar. Hun forteller nyheten til Tor.

Tor: Sier du det? Så hyggelig! Men det er jo synd at du må ta
permisjon fra norskkurset. Du skal få et søknadsskjema.

Urai ser på skjemaet. Hun fyller ut navn og adresse, men hun husker
ikke klassenummeret. Hun spør Indira.

Urai: Vet du hvilket nummer klassen har?
Indira: Ja, jeg tror det er 402.
Urai: Takk. Her står det «årsak». Hva heter «årsak» på engelsk?
Larissa: Jeg snakker ikke engelsk, men jeg kan prøve å forklare
det på norsk. Det betyr «hvorfor skal du ha permisjon».
Urai: Åja. Da skriver jeg «gravid». Og fra 15. februar, men
hvor lenge?
Tor: I Norge er det vanlig å ha permisjon i åtte måneder
etter fødselen.
Larissa: Åtte måneder! Så lenge?
Tor: Ja, så lenge får man lønn fra arbeidsgiveren eller
fra trygdekontoret.
Urai: Kan *jeg* også få lønn under permisjonen?
Tor: Dessverre. Du må jobbe for å ha rett til fødselspenger.
Urai: Det var synd, men sånn er livet.
Tor: Ja, men du får en engangsstønad. Jeg vet ikke hvor mye
det er nå.
Urai: Gjør jeg? Og Arne sier at vi får barnetrygd.
Tor: Ja, alle får barnetrygd.
Larissa: Så til sommeren kan du gå tur med barnet i parken
og slappe av. Det blir deilig!
John: Hva skal barnet hete?
Urai: Vi vet ikke. Har dere et forslag?

SØKNADSSKJEMA FOR PERMISJON

Dato: __22.08.03__ Sted: __Nordby__ Klassenummer: __402__

Etternavn: __Stange__

Fornavn: __Urai__

Fødselsnummer: __31017088888__ Nasjonalitet: __Thailand__

Sivilstand: __Gift__

Adresse: __Markveien 7 C__

Postnummer: __1700__ Poststed: __Nordby__

Telefon: __39 87 25 34__

Årsak: __Gravid__

Fra: __15. februar 2004__ Til: __15. oktober 2004__

Innvilget med timetelling ☐ uten timetelling ☐

Rektor

Etter timen regner det fremdeles. Arne kommer og henter Urai.

Arne: Hvem vil sitte på til sentrum?

Alle vil sitte på. Arne smiler litt.
Bilen er ikke stor.

Arne: Jeg kan kjøre to ganger.
Indira: Flott! Så synd at Urai snart skal slutte!

Uttale

Lang og kort vokal

long

Lang y

y + ingen eller én konsonant

nothing

by *Town / city*

ny *= new*

bety [*bety*] *= mean*

mye *= much*

synes *= think (based on personal experience)*

tyve (20)

Kort y *short (several >1)*

y + flere konsonanter

syltetøy *(sweat stuff)*

sykle *to cycle*

fylle *to fill*

begynne [*bejyne*] *(to begin)*

sykkel *(cycle)*

nytt *(now)*

synd [*syn*] *(sin)* *Det er synd! (What a shame)*

hyggelig [*hygeli*] *good / pleasant*

Lang u

u + ingen eller én konsonant

1000

tusen

du   ut *= out*

sju [ʃu]   jul *= christmas*

brus *[jus]*

bruke *= use (to take)*

uke *= week*

tur *= walk*

Kort u

u + flere konsonanter

100

hundre   buss

frukt *= fruit*   gutt *= boy*

huske *=*   slutte *= stop*

sulten *= hungry*

hundrelapp *= hundred*

Uff! *= oh, bam! Note*

eg bruke de sagger
å gå på tur to go for a walk *Uff da!*

grønnsaker = gegetable

Trykk

De begynner klokka seks.   Klokka seks begynner de.

De slutter nå.   Nå slutter de.

De snakker norsk på kurset.   På kurset snakker de norsk.

Han kjører bil til skolen.   Til skolen kjører han bil.

Du skriver   ## Du sier

Hvordan er været?   [vordan ær være]

Hva er klassenummeret?   [va ær klasenomere]

Det er kaldt i dag!   [de er kalt i dag]

Gleder du deg?   [gleder du dæi]

Grammatikk

Adjektiv

en-ord masc   **ei-ord** fem   **et-ord** nøytret

Musikken er **fin**.   Jenta er **fin**.   Været er **fint**.

Bilen er **stor**.   Boka er **stor**.   Eplet er **stort**.

Teen er **varm**. warm   Flaska er **varm**.   Kontoret er **varmt**.

Kaffen er **kald**. cold   Flaska er **kald**.   Været er **kaldt**.

Bilen er **ny**. new   Klokka er **ny**.   Ordet er **nytt**.

Nyheten er **dårlig**.   Boka er **dårlig**.   Været er **dårlig**.

Gutten er **trist**. sad   Jenta er **trist**.   Været er **trist**.

Læreren er **bra**.   Boka er **bra**.   Været er **bra**. (irregular)

Ordstilling

1	2	
Urai	er	på kurs i dag.
Kurset	begynner	klokka seks.
Hun	forteller	en nyhet på kurset.
Urai	snakker	norsk nå.
Hun	trives	her.
Arne	kjører	alle til sentrum etter timen.

Regel: Subjekt + verbal

	2	1	
I dag	er	Urai	på kurs.
Klokka seks	begynner	kurset.	
På kurset	forteller	hun	en nyhet.
Nå	snakker	Urai	norsk.
Her	trives	hun.	
Etter timen	kjører	Arne	alle til sentrum.

Regel: Tid/sted + verbal + subjekt

Ord og uttrykk

– Hva betyr «deprimert»?   – Det betyr «trist».
– Kan du forklare «årsak»?   – Det betyr «hvorfor skal du gjøre det».

– Jeg forstår ikke ordet «deprimert».   – Det betyr «trist».
– Hva heter «årsak» på engelsk?   – Det heter «reason».

– Jeg er gravid.
– Jeg har termin …
– Hun får fødselspenger.
– Hun skal ha permisjon i åtte måneder.

Været

- Hvordan er været?
- Hva slags vær er det? *What kind of weather*
- Det er flott vær. *Its super wonderful*
- Det er fint vær. *Its fine*
- Det er stygt vær. *Its ugly weather*
- Det er trist vær. *It ø sad weather*

deprimerende
(depressing weather)
deprimert (depressed)

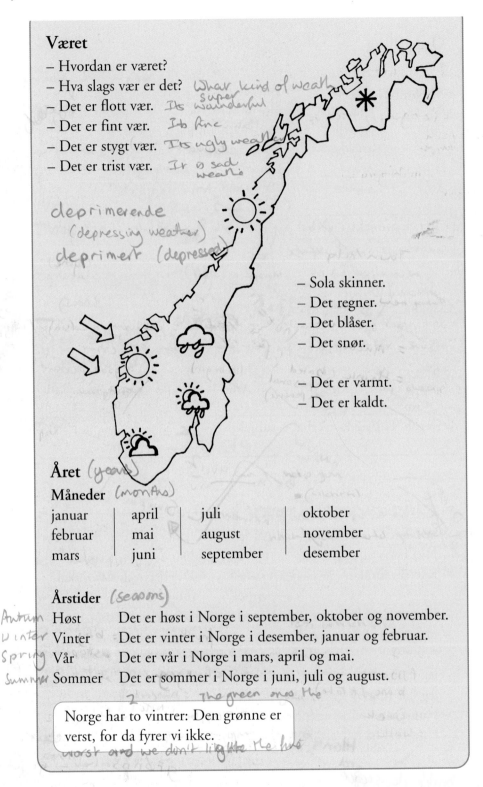

- Sola skinner.
- Det regner.
- Det blåser.
- Det snør.

- Det er varmt.
- Det er kaldt.

Året *(years)*

Måneder *(months)*

januar	april	juli	oktober
februar	mai	august	november
mars	juni	september	desember

Årstider *(seasons)*

Autumn Høst   Det er høst i Norge i september, oktober og november.
Winter Vinter   Det er vinter i Norge i desember, januar og februar.
Spring Vår   Det er vår i Norge i mars, april og mai.
Summer Sommer Det er sommer i Norge i juni, juli og august.

> Norge har to vintrer: Den grønne er
> verst, for da fyrer vi ikke.

The green ones the
worst and we don't light the fire

[handwritten annotations: en mørk dag / a dark day — det er mørkt / It is dark — ei natta (a night)]

Samfunnsfag

Mørketid og midnattssol

[handwritten: Time of darkness]

I nesten hele Nord-Norge er det mørkt hele dagen om vinteren og lyst hele natta om sommeren. Mange turister reiser til Nord-Norge om sommeren for å se midnattssola.

[handwritten annotations: almost all of northern norway — It is dark all day in winter — It is light all night — many tourist travel to Nth norway to see the midnight sun — Nth norway]

Vestlandet om våren *[handwritten: west norway]*

Nord-Norge om sommeren

Østlandet om høsten *[handwritten: Easten norway]*

Sørlandet om vinteren *[handwritten: South land (sth tip)]*

Midnattssol på Nordkapp

8 A Du har 3000 kroner. Hva vil du kjøpe?

en hatt = hat

ladies coat

2299,-

en kåpe

449,-

en genser

120,-

round hat

ei lue

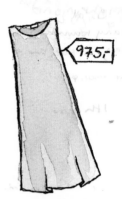

975,-

en kjole

450,-

et par sko
pair

*en sko
a shoe*

349,-

en bluse

100,-

et belte

229,-

et skjørt

1799,-

ei jakke

549,-

ei bukse
a trouser

129,-

en topp

50,-

ei truse

260,-

en BH

brystholder

Gentlemens Coat

120,-

ei lue

1050,-

129,-

ei T-skjorte

2600,-

en frakk

ei jakke

250,-

439,-

en genser

ei skjorte

120,-

et slips

550,-

et par sko

698,-

ei dongeribukse
Jeans

400,-

ei bukse

50,-

ei underbukse

B Kan jeg hjelpe deg?

C Tom får nye klær

1

Det er lørdag morgen. John sitter og leser avisa. Han ser at det er salg nå. Han blir glad. Tom trenger ny jakke og ny bukse.

(handwritten: Saturday morning, sits + reads newsp. He sees Sale. He is happy, Tom needs a new jacket and new trans)

2

John ser at det er salg på jakker og bukser i mange butikker. Han ser at de har ei fin jakke til 300 kroner på Cubus. De har også billige bukser der.

(handwritten: see sales on jackets + trans, many shops, good jacket for 300, (clothes chain), also cheap trouser there)

3

John sier til Anne at han har lyst til å gå på salget. Anne kan ikke bli med. «Jeg blir hjemme, for jeg har mye å gjøre,» sier hun. «Men kanskje du kan kjøpe mat og lage middag?» spør John.

(handwritten: says to, that he wants to do, to the sale, can not join him, stay at home, there is a lot to do, maybe you can, food and make dinner, maybe, John asks)

4

John og Tom tar bussen til byen. Tom liker å kjøre buss. Han hilser på alle passasjerene. De smiler og hilser tilbake.

(handwritten: takes bus to town, likes to go on bus, to greet, tell the other passengers, They smile and greet him back, back)

(handwritten: Hils hjem! Greet your family at home; Hils fra meg! Say hello from me)

5

Først går John og Tom til en
minibank. John tar ut 700 kroner.
Nå kan de gå og kjøpe klær.

6

De går til barneavdelingen på Cubus.
John ser på jakker og bukser. Og han
ser på priser. Jakkene til 300 kroner er
fine, men de har også gode jakker til
250 kroner.

7

Tom står og ser på luer. Han ser ei
gul lue med grønn dusk. Den er fin.
To gutter i barnehagen, Ola og
Roger, har slike gule luer.

8

John tar ei grønn og to gule jakker og
går bort til Tom. Han prøver jakkene.
De passer. Tom vil ha den grønne
jakka, og John sier at det er greit.

81

9

10

Nå prøver Tom ei bukse. Den er for stor, og ekspeditrisen henter en annen størrelse. Den passer. John ser på prisen: 180 kroner. Sammen med jakka blir det 430 kroner.

Tom vil ha ei lue også. Han har lyst på den gule lua, men John kjøper ei grønn lue med gul dusk. «Det er samme farge som jakka,» sier han til Tom.

11

12

John betaler jakka, buksa og lua. Det blir 550 kroner. Ekspeditrisen legger klærne i en pose og gir den til Tom.

Mandag morgen har Tom ny jakke, ny bukse og ny lue i barnehagen. Ola og Roger synes at han er tøff.

Uttale

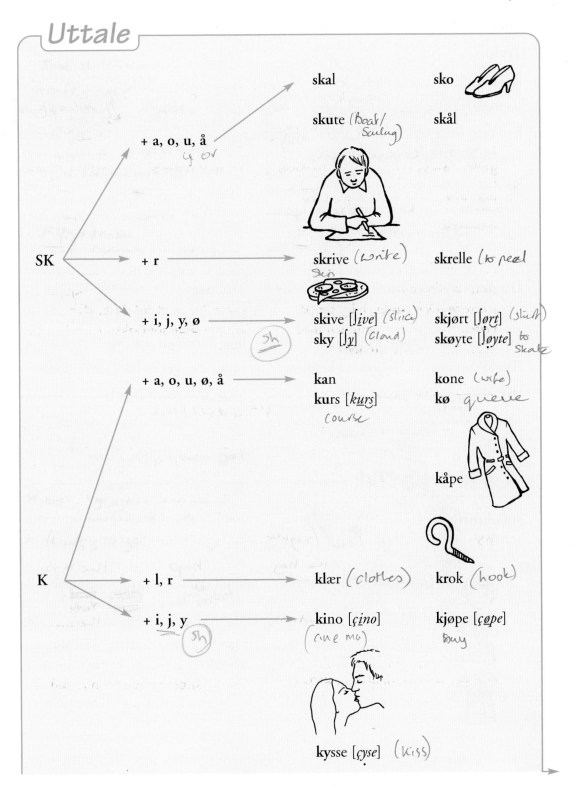

skal   sko

skute (Boat/ Sailing)   skål

+ a, o, u, å

sj or

SK

+ r   skrive (write)   skrelle (to peel skin)

+ i, j, y, ø   skive [ʃive] (slice)   skjørt [ʃørt] (skirt)

sh   sky [ʃy] (cloud)   skøyte [ʃøyte] to skate

+ a, o, u, ø, å   kan   kone (wife)

kurs [kurs]   kø queue

course

kåpe

K

+ l, r   klær (clothes)   krok (hook)

+ i, j, y   kino [çino]   kjøpe [çøpe]

sh   (cinema)   buy

kysse [çyse] (kiss)

Trykk

Anne er hjemme. Hun arbeider.

John går på salg. Han har penger.

Butikken heter Cubus. Den ligger i sentrum.

John ser på jakker. De er billige.

Jakkene er grønne. De er fra Italia.

Tom vil ha ei lue. Den koster seksti kroner.

Lua er fin. Den er grønn.

Du skriver

John skal gå på kino klokka sju.

Anne liker ikke å kjøpe klær.

Han kikker etter en sjokolade i kiosken.

Han kjøper et kilo skinke.

Du sier

[jån skal gå på çino klåka ʃu]

[ane liker ike å çøpe klær]

[han çiker eter en ʃokolade i çiåsken]

[han çøper et çilo ʃinke]

Grammatikk

Substantiv

nouns

	Entall (singular)		Flertall (plural)	
		the boy	boys	the boys
	en gutt	gutten	gutter	guttene
		the dress	dresses	the dresses
	en kjole	kjolen	kjoler	kjolene
		the coat	coats	the coats
	en frakk	frakken	frakker	frakkene

Substantiv

	Entall (singular)		Flertall (plural)(several)	
	a girl ei/en jente	*the girl* jenta/jenten *ei / en*	*girls a* jenter	*the girls* jentene
	a jacket ei/en jakke	*the jacket* jakka/jakken	*jackets* jakker	*the jackets* jakkene
	a wolly hat ei/en lue	*the wolly hat* lua/luen	*wolly hats* luer	*the wolly hats* luene
	a table et bord	*the table* bordet	*tables* bord	*the tables* bordene
	a tie et slips	*the tie* slipset	*ties* slips	*the ties* slipsene
	a belt et belte	*the belt* beltet	*belts* belter	*the belts* beltene

has 3 dress
Liv har tre kjoler.
The dresses are from Norw
Kjolene er fra Norge.
De er fra Norge.
They are from Norway

has 2 coats
Tor har to frakker.
Frakkene er fra Hong Kong.
De er fra Hong Kong.

3 jackets
Per har tre **jakk**er.
Jakkene er fra England.
De er fra England.

4 wolly hats
Kari har fire luer.
The hats are from Sweeden
Luene er fra Sverige.
De er fra Sverige.
They are from Sweeden

5 ties
Tor har fem slips.
Slipsene er fra Spania.
De er fra Spania.

has 3 belts
Liv har tre belter.
The belts are from Italy.
Beltene er fra Italia.
De er fra Italia.
They are from Italy

Adjektiv

Entall *single*		Flertall *(plural)*	
ubestemt form	bestemt form *(the)* *deffinitue form* *do*	ubestemt form	bestemt form
a yellow dress en gul kjole	*The yellow the dress* den gule kjolen	*many yellow dress* mange gule kjoler	*The yellow the dress* de gule kjolene
a red hat ei rød lue	*the red the hat* den røde lua	mange røde luer	de røde luene
a brownie et brunt slips	*the brown the tie* det brune slipset	mange brune slips *many brown ties*	de brune slipsene *the brown the ties*
en gul *ei gul* *et gult*		*gule* *adjective stump same*	

double deffinit

Adjektiv og substantiv

Jeg vil _(I want)_	se på _(to look at)_ / prøve _(to try)_ / kjøpe _(to buy)_ ~~shop~~	en	pen _(nice)_ / billig	rød / gul / brun / grønn	genser _jumper_ / frakk _coat_ / kjole _dress_
		ei/en		hvit / svart / blå	skjorte _shirt_ / jakke _jacket_ / lue _woolly hat_
		et	pent _(nice)_ / billig _cheap_	rødt / gult / brunt / grønt / _white_ hvitt / svart / blått	skjørt _shirt_ / _belt_ belte _belt_
		et par _a pair_	pene _nice_ / billige _cheap_	røde / _green_ gule / brune / grønne	sko _shoes_
		(noen) _(Some)_		hvite / _black_ svarte / _blue_ blå	bluser _blouses_ / skjorter _shirt_ / jakker _(jackets_ / skjørt _shirt_

Ord og uttrykk

Å kjøpe klær

	– Vær så god? – Kan jeg hjelpe deg? *Kan I help you*	– Jeg vil bare kikke litt. – Ja takk, jeg vil se på en genser.
Farge (Colour)	– Hvilken farge vil du ha? *What colour do you want*	– Rød/blå/grønn … – Jeg vil gjerne ha en rød genser. *I will have*
Størrelse Size	– Hvilken størrelse? – Her er størrelse 40. – Ja, vær så god. *Yes, here you go* – Passer den? *Does it fit*	– Størrelse 40. – Kan jeg få prøve genseren? *It fits well / perfect* – Ja, den passer akkurat. – Nei, den er for stor. *No, it is too big* – Nei, den er for liten. *No, it is too small*
Pris Price	*Do you want the jump* – Vil du ha genseren? – Den koster 500 kroner. *It costs* – Takk. *Thank*...	– Hva koster den? *How much does it cost* – Jeg tar den. *I will take it* – Jeg vil vente litt. Den er for dyr. *I want to wait a bit. That it is too expensive*

Unnskyld

Excuss me?

fri = free (freedom)
blot

gratis - free of charge

– Unnskyld, hvor finner jeg kåper?
– Unnskyld, hvor er barneavdelingen?
   childensdepartm
– Unnskyld, er du ledig? *free (unoccupied)*
   can   are you   vacant
– Unnskyld, kan du hjelpe meg? *nor busy*
   exma   can you help me

– Unnskyld! *get past someone*

– Unnskyld!

En barneavdeling
En dameavdeling
En herreavdeling

Samfunnsfag

Vinterklær og sommerklær

(handwritten: Every week / In winter must children wear thunk clothes wear)

(handwritten: In the winter every year children must wear thick (on own))

Om vinteren må barna ha tykke klær på. Det er kaldt ute, og de må ikke fryse.

(handwritten: clothes It is cold outside, and they must not fryse)

(handwritten: In the summer can children thin clothes wear)

Om sommeren kan barna ha tynne klær på.

Det er deilig!

(handwritten: It is lovely)

(handwritten: In autumn it rain often)

Om høsten regner det ofte.

Da må alle ha regntøy og gummistøvler.

(handwritten: The every one must wearn rain rubber boots)

9

A Hva skal Larissa gjøre i kveld?

What shall / will Larissa do this evening

i morgen tidlig (tomorrow morning)

(Hva skal Larissa gjøre i kveld?)
What will Larissa do this evening

(Hva skal hun gjøre i morgen?)
What will she do tomorrow

(Hva skal hun gjøre fredag kveld?)
friday evening

MANDAG 5	Tv ?
TIRSDAG 6	Norsk 18–20
ONSDAG 7	Tannlegen 17^15 *Dentist (Toothdoctor)*
TORSDAG 8	Norsk 18–20
FREDAG 9	Kino 20^30 *Cinema*
LØRDAG 10	Sove! Rydde! *Sleep – Tidy up*
SØNDAG 11	gå tur? *go for walk*

(Og hva skal du gjøre i kveld?)

(Hvor ofte ser du på nyheter på TV?)
How often do you watch the news on TV

(Hvor ofte går du på kino?)
How often do you go to the cinema

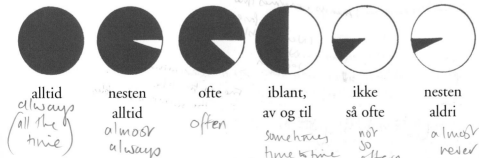

alltid	nesten alltid	ofte	iblant, av og til	ikke så ofte	nesten aldri	aldri
always (all the time)	*almost always*	*often*	*sometimes time to time now or then*	*not so often*	*almost never*	*never*

B Hva er det på TV?

What is on the TV?

> Hva er det på TV i kveld?
> Er det ikke en film?

What is on the TV this evening
There is not a film
Isn't there a film

> Når begynner filmen?

When does the film start

> Får du inn tysk TV?

Do you get in german TV
receive

> Er det noe morsomt på TV?

Anything funny on TV

> Skal vi se nyhetene på TV2?

Shall we watch the news on TV2

NRK 1

News in sign language

17.55	Nyheter på tegnspråk
18.00	Barne-TV *children's TV*
18.30	Distriktsnyheter og Norge i dag *local news, or Norway today*
19.00	Dagsrevyen *Daily review (7 news)*
19.30	Puls – helse *Pulse – health*
20.30	Kokkekamp *cooking competition*
21.00	Siste nytt *news – news update*
21.10	Rundt neste sving *Round the next corner*
	Underholdning *entertainment*
22:00	Dok22: Vikingblod *documentary Viking blood*
23.00	Kveldsnytt *evening news*
23.15	Profil: Nelson Mandela (t) *subtitle*
24.00	Slutt *Close down*

NRK 2 *(repeat)*

19.00	Sportsrevyen (R) *Sports review*
19.30	Dyreklinikken – *Animal Hospital, Animal clinic*
20.00	Siste nytt
20.10	Jazz fra København
	Et musikkprogram *A music program*
21.00	Orions belte
	Norsk film fra 1985 *Norwegian film from 1985*
22.45	Siste nytt *news*
23.00	På nett (t) *subtitle*
	Britisk dramaserie *British drama series*
23.30	Slutt

2 TV2 *(commercial)*

18.00	M*A*S*H
18.30	Nyhetene og Sporten *News & sport*
18.50	Været *Weather*
19.00	Bli voksen! (12) *Grow up / Become an adult*
19.30	Venner og fiender (26) *friends & enemies (and)*
	Norsk dramaserie
20.00	Tid for mat (R) *Time for eat*
20.30	Tabloid *(News – tabloid)*
21.00	Nyhetene *News*
21.20	Været *weather*
21.30	Sporten
	Landskamp Danmark – Norge *International match*
23.00	Venner for livet (32) *Friends for life*
23.35	De syv uovervinnelige (11) *The seven invincibles*
00.10	Slutt

C Larissa og familien Olsen

Larissa arbeider og bor hos familien Olsen. Hun passer på familiens to barn. Hun skal også vaske opp og lage middag. Mora i familien, Randi, sier at hun liker å ha en au pair i huset. Da blir det ikke så mye å gjøre for henne. Randi arbeider i et utenlandsk oljeselskap, og hun må ofte arbeide lenge. Iblant er hun ute og reiser, og da er det fint at Larissa kan passe på Gunnar og Ingrid.

Faren i familien, Ståle, er ingeniør. Han arbeider på sykehuset. Ståle er nesten alltid hjemme om kvelden. Han liker å se på TV. Han ser ofte nyhetene på NRK og TV2. Og han ser på sport; fotball og håndball.

Noen ganger sitter Larissa sammen med Ståle og ser på TV. Men av og til går hun til byen. Hun går på kino eller på trening sammen med ei latvisk venninne. Det er fint å snakke latvisk iblant.

Nå ser Ståle på en amerikansk serie hver onsdag, og han snakker ofte om den. Larissa liker ikke serier. «Jeg vil ikke sitte foran TV-en hver onsdag,» sier hun.

D Er det noe bra på TV i kveld?

Larissa: Er det noe bra på TV i kveld?

Randi: Jeg vet ikke. Se i avisa!

Larissa: Det er et program om helse etter Dagsrevyen. «Puls» heter det. Pleier ikke du å se det programmet?

Randi: Jo, det er et bra program.

Larissa: Så er det et program om mat. Deretter kommer en norsk film på NRK2. Den heter «Orions belte». Den er fra 1985. Tror du den er bra?

Randi: Jeg vet ikke, men jeg vil gjerne se den. Jeg trenger å slappe av foran TV-en. Skal du se filmen?

Larissa: Ja, jeg tror det. Jeg har ikke noe annet å gjøre i kveld.

Randi: Når begynner den?

Larissa: Klokka ni, og den slutter kvart på elleve.

Randi: Vi kan vel se den sammen! Det er morsomt å diskutere filmen etterpå! Men nå kommer Ståle hjem. Hei, Ståle!

Ståle: Hei! Jeg er så trøtt. For en dag! Nå skal det bli godt med mat. Og seinere i kveld er det landskamp i fotball på TV2. Den kampen har jeg lyst til å se!

Randi: Når begynner den?

Ståle: Etter nyhetene, klokka halv ti.

94

Uttale

Lang og kort vokal

Lang ø *Long*
ø + én eller ingen konsonanter

brød [*brø*]

rød [*rø*]

snø

prøve

gjøre [*jøre*]

Kort ø *> more than 1*
ø + flere konsonanter

skjørt [ʃ*ørt*]   kjøkken [ç*øken*]

grønt   grønn

rødt [*røt*]   spørre

tørst [*tørst*]   størrelse

først [*først*]

søndag

Lang æ
æ + én eller flere konsonanter

pære

er [*ær*]

her [*hær*]

klær

lærer

Kort æ
æ + flere konsonanter

frimerke [*frimærke*]

Trykk

Du kan si

Larissa vasker opp.

Gunnar vil ikke stå opp.

Hassan vil gjerne gå ut.

Du må ta med barna.

Jeg vil slappe av foran TV-en.

Vil du bli med på kino?

eller

Larissa vasker opp.

Gunnar vil ikke stå opp.

Hassan vil gjerne gå ut.

Du må ta med barna.

Jeg vil slappe av foran TV-en.

Vil du bli med på kino?

Du skriver

ŋ-lyden

Ingrid sover i senga.

Inger lengter til England.

Onkel Inge tenker på

pengene i banken.

Du sier

[iŋri såver i seŋa]

[iŋer leŋter til eŋlan]

[oŋkel iŋe teŋker på

peŋene i baŋken]

Grammatikk

future

Framtid

Nå _Now_ ⟶ Framtid _future_

Larissa spiser ei brødskive nå.

is eating a slice of bread now

Hun **skal spise** middag
klokka fem.

She shall eat teat eve will 5 o'clor meal

Nå ──────────────────────────────▶ Framtid

Ståle ser på TV nå.

[handwritten: Ståle is watching TV now]

Han **skal** se på TV i kveld også.

[handwritten: He shall/will watch TV this evening also.]

Randi er hjemme i dag.

[handwritten: is at home today]

Hun **er** hjemme **i morgen** også.

[handwritten: She is at home tomorrow too/also]

[handwritten: we can we']

Vi snakker om framtid. Vi bruker:

[handwritten: I shall]

1. Futurum (+ tid):   Jeg <u>skal se</u> på TV i kveld.   *[watch]*

[handwritten: Futkene]   Jeg <u>skal vaske</u> håret.   *[wash my hair]*

Jeg <u>skal</u> ikke <u>gå</u> ut.   *[I shall not go out.]*

[handwritten: Jeg skal komme på søndag.]

2. Presens + tid: Jeg <u>kommer</u> på søndag.   *[(I coming on sunday)]*

[handwritten: Presens tirne]   Vi <u>kjører</u> til Oslo på fredag.   *[We driving to Oslo on Friday]*

[handwritten: på fredag + fairly close then use present]   I morgen <u>har</u> jeg mye å gjøre.   *[Tomorrow I have got a lot to do]*

[handwritten: skall - shall /will]

[handwritten: Bå / vaske / gå } infinitive form / dichonary form]

[handwritten: Jeg skall jeg har]
[handwritten: På søndag kommer jeg]
[handwritten: I kveld skal jeg se på TV]

[handwritten: Jeg kan snakke norsk]
[handwritten: Jeg skal snakke norsk]
[handwritten: Jeg prøver å snakke norsk.]

Eiendomspronomen

Verb	Pronomen	Substantiv, genitiv
en bil	*It is my car*	
Jeg **har** bil.	Det er **bilen min.**	
I have a car	Det er **min** bil.	
	That's my car	
Du **har** bil.	Det er **bilen din.** *Is the car yours (more normal)*	
You have car	Det er **din** bil.	
	That is your car	
Han **har** bil.	Det er **bilen hans.**	Det er **bilen til Tor.** *(That's Tor's car)*
He has a car	Det er **hans** bil.	Det er **Tors** bil. *That is*
	That is his car	
Hun **har** bil.	Det er **bilen hennes.** *her*	Det er **bilen til Liv.** *That's is the car of Liv*
She has a car	Det er **hennes** bil.	Det er **Livs** bil.
	That is her car	
Vi **har** bil.	Det er **bilen vår.** *That is our car*	
We have car	Det er **vår** bil.	
Dere **har** bil.	Det er **bilen deres.** *That is your car.*	
You have a car (plural)	Det er **deres** bil.	
De **har** bil.	Det er **bilen deres.**	Det er **bilen til Tor og Liv.** *(definite) This is Tor + Livs car*
They have a car	Det er **deres** bil.	Det er **Tor og Livs** bil.
	That is their car	

Min – din – vår

The change

fem – cottage / hut	*= house neuter* *my*	Plural *neuter 1 syllable*	
bilen **min**	hytta **mi**	huset **mitt**	bilene, hyttene, husene **mine** *mine*
min bil	**mi** hytte *my*	**mitt** hus *my house*	**mine** biler, hytter, hus
			your car + houses *your*
bilen **din**	hytta **di**	huset **ditt**	bilene, hyttene, husene **dine**
din bil	**di** hytte *your cottage*	**ditt** hus *your house*	**dine** biler, hytter, hus
		the house our	*our*
bilen **vår**	hytta **vår**	huset **vårt**	bilene, hyttene, husene **våre**
vår bil	**vår** hytte	**vårt** hus	**våre** biler, hytter, hus
my	*our cottage*	*our house*	*plural*

Is this your car

– Er dette bilen **din**?   – Er dette bilen **deres**? *Is this your car*

– Nei, bilen **min** er gammel.   – Nei, bilen **vår** er gammel. *No, our car is old*

No, my car is old

– Er dette hytta **di**? *Is this your hut* – Er dette huset **deres**? *Is this your house*

– Nei, hytta **mi** er gammel.   – Nei, huset **vårt** er der borte. *No, our house is over there*

No, my hut is old

– Er dette huset **ditt**? *Is this your house*

– Nei, huset **mitt** er der borte.

No, my house is over there

Yes or Yes

Ja eller jo

– Skal du se på TV? *Are you going to watch TV*   – Skal du **ikke** se på TV? *Aren't you going to watch TV*

– Ja.   – **Jo.** *Yes to a negative question*

– Nei.   – Nei.

Do you like Norsk TV

– Liker du norsk TV?   – Liker du **ikke** norsk TV? *Don't you like N'way TV*

– Ja.   – **Jo.** *Yes turns into a positive*

– Nei.   – Nei.

Ord og uttrykk

spenning
~~tense / exciting~~
Thriller

– Skal du se på TV i kveld? *Shall you watch TV tonight*

– Hva er det på TV i kveld? *What's is on the TV this evening*

– Er det noe bra/morsomt på TV i kveld? *Anything good / funny on this eve'n*

– Går det ikke en film i dag? *Is there a film on today*

– Tror du filmen er bra? *– Do you think the film is good*

– Når begynner programmet? *When does the programme start*

– Får du inn tysk TV? *– To do receive / get in German TV*

– Hvor ofte ser du på TV? *How often do you watch TV*

– Ser du mye på TV? *– Do you watch TV much*

en storby – city

Samfunnsfag

Aviser og TV i Norge

Nordmenn liker å lese aviser. Noen leser flere aviser hver dag.
Norge har tre store dagsaviser: VG, Dagbladet og Aftenposten.
Nesten alle byer og steder i Norge har én eller flere lokalaviser.
Norge har to statlige TV-kanaler. De heter NRK1 og NRK2. Alle med
TV i Norge må betale lisens til NRK. En annen viktig TV-kanal i
Norge er TV2, men den er reklamefinansiert.

> Har hjemstedet ditt lokalavis?

> Hva heter avisa på hjemstedet ditt?

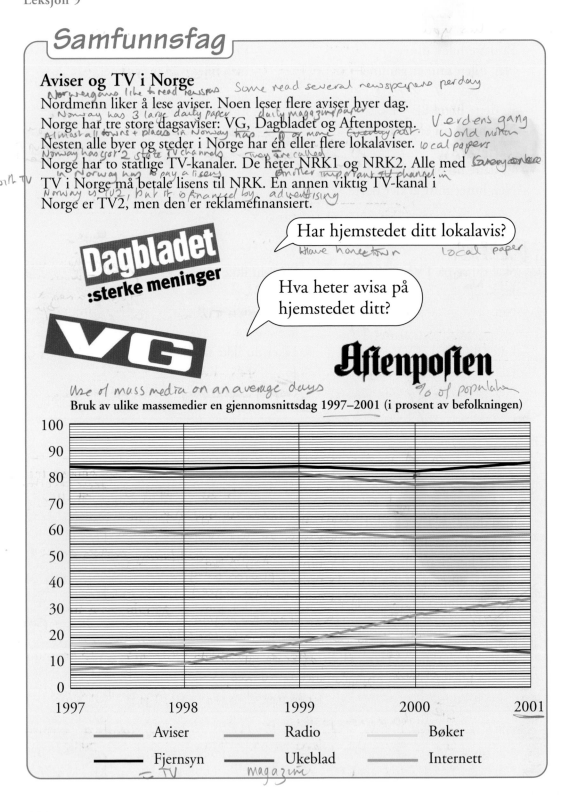

Bruk av ulike massemedier en gjennomsnittsdag 1997–2001 (i prosent av befolkningen)

— Aviser   — Radio   — Bøker

— Fjernsyn   — Ukeblad   — Internett

10

A Hvordan kommer du til ...?

How come you for/until

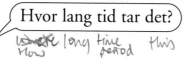
Hvor lang tid tar det?
How long time period this

Hvor langt er det dit?
How long it there

Hva koster det?
What cost it

	Hvordan? *How*	Hvor langt? *How long there*	Hvor lang tid? *How long time*	Hva koster det? *How much cost*
Larissa skal til byen *shall go to town*	går *walk*	2,5 km	25 min	gratis *free*
John skal på norskkurs *shall go Norwegian course*	tar bussen *takes bus*	5 km	20 min	22 kr
Indira skal til sykehjemmet *hospital*	sykler *cycle*	3 km	15 min	gratis *free*
Tor skal til skolen *school*	kjører bil *drive car*	1,5 mil	25 min	15 kr
Randi skal på jobben *work*	tar bussen *takes bus*	3 km	10 min	18 kr
Per skal på skolen *school*	løper *run*	1 km	5 min	gratis *free*

B Tider og priser

How much cost me

Hvor mye koster en
billett tur-retur Oslo?

tiket return to Oslo

a adult/grown up
and

En voksen og
en barn, takk.

a child than

When go bus to center

Når går bussen til sentrum?

C Tor og Indira

Tor: Hei! Hvordan går det?

Indira: Takk, bare bra. Og med deg?

Tor: Takk, fint. Er du på vei til jobben?

Indira: Nei, jeg skal ikke til sykehjemmet i dag. Jeg har fri.

Tor: Hvor ligger sykehjemmet?

Indira: I Bokveien.

Tor: Det er langt fra Bokveien til Strandgata. Hvordan kommer du dit?

Indira: Jeg synes ikke det er langt. Jeg pleier å sykle.

Tor: Jeg kjører til skolen. Kommer du på norskkurset i kveld, forresten?

Indira: Ja, men jeg kan ikke komme på torsdag. Mora mi, lillebroren min og jeg skal reise til Oslo. Vi skal reise torsdag formiddag. Mora mi arbeider ikke, og lillebroren min går i barnehage. Jeg har ei tante i Oslo, skjønner du.

Tor: Det blir hyggelig for deg!

Indira: Ja, og i dag skal jeg på kino med Urai. Vi skal se en norsk film!

Tor: Jeg tror du trives i Norge!

Indira: Ja, det gjør jeg. I sommer skal jeg reise til India på ferie. Da skal jeg fortelle bestemora mi om Norge. Hun skal kanskje flytte hit, hun også!

D Å kjøpe billetter

Buying tickets

Indira skal ut og reise. Først går hun til jernbanestasjonen.

Indira shall out and travel. First she goes to the (inn road) (railway) station
will

A: Hei. Hva kan jeg hjelpe deg med?

Hi. What can I help you today.

Indira: Hei, jeg vil gjerne ha tre billetter tur-retur Oslo.
Vi er to voksne og ett barn.

I will have a return ticket to Oslo.
2 adults and 1 child return
grown-ups

A: Når vil dere reise?

When do you want to go → *adjective that has become a noun*

Indira: Vi vil reise til Oslo på torsdag formiddag og tilbake
på søndag ettermiddag.

We will go to "" Thurs before midday
and back on Sunday afternoon

A: Nå skal vi se ... Vi har et tog klokka 11.30 på torsdag
med retur 15.15 på søndag.

Indira: Det er fint.

A: Det blir 480 kroner til sammen. Vil du betale med
kort eller kontant?

Indira: Med kort, takk.

Indira drar kortet og slår koden. Damen gir billettene til Indira.

Indira: Takk skal du ha!

A: Vær så god. Og god tur!

Indira: Takk.

Etterpå går Indira til et reisebyrå.

B: Hei! Kan jeg hjelpe deg?

Indira: Ja, jeg skal reise til Calcutta i juni. Kan jeg bestille billetten nå?

B: Ja, det kan du. Jeg kan reservere en plass til deg.

Indira: Må jeg betale billetten i dag?

B: Nei, det er ikke nødvendig. Når vil du reise?

Indira: Jeg vil reise fra Norge 13. juni med retur 5. juli. Er det mulig?

B: Ja, det er det. Da reserverer jeg plass på et fly fra Gardermoen
klokka 08.15. Liker du flyplasser?

Indira: Ja, det gjør jeg. Hvorfor det?

B: Du må skifte fly fire ganger ...

Indira: Det går greit. Hva vil billetten koste?

B: Den koster 9545,-, og du må betale innen 13. mai.

105

Uttale

To konsonanter i begynnelsen av et ord

f + konsonant	g + konsonant	k + konsonant
fredag	grei [*græi*]	krone
fransk	grønn	klær
fjernsyn [*fjærnsyn*]	glad [*gla*]	klokke [*klåke*]
flott [*flått*]	glass	kveld [*kvel*]

p + konsonant	s + konsonant	t + konsonant
pris	snakke	tre
prøve	slutte	tro
program	spørre	trist
pleie [*plæie*]	stue	trives

b + konsonant

bra
brev
bli
blått

Grammatikk

Spørsmål og svar

– Er du fra Ås?
– Ja.
– Ja, jeg er fra Ås.
– Ja, det er jeg.

– Nei.
– Nei, jeg er ikke fra Ås.
– Nei, det er jeg ikke.

– Bor du i Oslo?
– Ja.
– Ja, jeg bor i Oslo.
– Ja, det gjør jeg.

– Nei.
– Nei, jeg bor i Bergen.
– Nei, det gjør jeg ikke.

Ja, Nei,	~~Hun~~ det	is er have har can kan ~~Shall~~ skal ~~will~~ vil ~~must~~ må	jeg I du you han he hun ~~she~~ den It/that det It vi we dere you (plural) de They	ikke not

– **Er** du fra Oslo?
 Is you from Oslo
– **Har** du sykkel?
 Have you Bicycle
– **Kan** du kjøre bil?
 Can you drive a car
– **Skal** Larissa ta bussen?
 Shall Larissa take the bus

– Ja, det **er** jeg. *Yes, it is I*
– Nei, det **er** jeg ikke.
– Ja, det **har** jeg. *Yes, it have I*
– Nei, det **har** jeg ikke. *No, it have I not*
– Ja, det **kan** jeg. *You, it can I*
– Nei, det **kan** jeg ikke. *No, it can I not*
– Ja, det **skal** hun. *Yes,*
– Nei, det **skal** hun ikke. *No,*

Ja, *Yes* Nei, *NO*	det ~~that~~	~~do~~ gjør ~~does~~	jeg I du You han he hun ~~She~~ den It/that det It vi we dere you (plural) de ~~They~~	ikke (not)

– **Bor** du i Nordby?

– **Løper** du til skolen?
 Run you to school
– **Kjører** de bil til skolen?
 Drive they car to school

– Ja, det **gjør** jeg. *Yes, it that I*
– Nei, det **gjør** jeg ikke. *No, it that I not*
– Ja, det **gjør** jeg. *Yes, it that I (Yes, I do that)*
– Nei, det **gjør** jeg ikke.
– Ja, det **gjør** de. *Yes, that they*
– Nei, det **gjør** de ikke. *No, it that they not*

Hvor skal du? = **Hvor skal du gå/reise?**

– **Skal** du til Oslo? = – **Skal** du **reise** til Oslo?
– Jeg **skal** til butikken. = – Jeg **skal gå** til butikken.
– Jeg **skal** til Hassan i kveld. = – Jeg **skal gå** til Hassan i kveld.

Ord og uttrykk

– Når går bussen til sentrum?
– Hvor ofte går det buss til Sandvika?
– Hvor mye koster en billett tur-retur Oslo?
– En tur-retur Oslo, takk.
– En voksen og en barn, takk.
– Jeg vil gjerne bestille en billett til Bergen.
– Når vil du reise?
– Jeg kan reservere en plass.
– Du må betale innen …
– God tur!

Indira skal **ta toget** til Oslo.
Indira skal **ta fly** til India. – Indira skal **fly** til India.
Tor **tar bilen** til jobben. – Tor **kjører** til jobben.
Randi **tar bussen** til jobben.

Samfunnsfag

Norge fra sør til nord

from south to north

Norge er et langt land: Det er 1 752 km i luftlinje fra sør
til nord.

is a long country. It is 1755 in a straight line from south to North (in an airline)

Norge har mange høye fjell og dype fjorder. Langs kysten er det
tusenvis av små og store øyer. Det er broer til mange av øyene
utenfor kysten, og det er tunneler
gjennom mange av fjellene.

Norway has many high mountain + deep fjords. Along the coast there are thousands of small and big islands. There are many bridges to the islands outside the coast, and there tunnels through it through many of the mountains

Men det er et tungt og vanskelig
arbeid å bygge veier og jernbane-
linjer i Norge.

It is a heavy / hard and difficult work to build roads and railway lines in Norway

Mange nordmenn reiser på bilferie
i Norge om sommeren. De reiser
til landsdeler de ikke kjenner. Det
er mye vakker og spennende natur
å se.

Many norwegian travel on a car holiday in the summer. They travel to parts of other countries they don't know. There are beautiful + exciting nature to see

I Norge (med Svalbard) er det
32 nasjonalparker med variert
natur og dyreliv.

In Norway including Svalbard there are 32 National parks with varied nature and animal life

Viktige flyruter og jernbanelinjer

Important flying routes + railway lines

11 A Får du frisk luft?

Trener du?

Går du på tur?

Tar du tran?

Får du frisk luft?

Sitter du mye inne?

Stresser du for mye?

Får du nok søvn?

110

B Hvor har du vært?

Where have you been?

Hvor har du vært?

Hva har du gjort?

Have you

Hvem har du snakket med?

Who have you spoken with

Har du hatt en fin dag?

Have you had a nice day

I byen. ?

Jeg har vært på trening.

I have be traing

Jeg har snakket med Hassan.

I have spoken with Hassan

Yes but I have alot of things to do in the day

Ja, men jeg har hatt mye å gjøre i dag.

111

C Utenfor treningsstudioet

Larissa har vært på trening. Utenfor treningsstudioet
treffer hun Hassan.

Hassan: Hei, Larissa, hyggelig å se deg! Hvordan går det?

Larissa: Det går bra. Og med deg?

Hassan: Jeg er litt forkjølet. Ellers går det bra.

Larissa: Sier du det? Ja, det er viktig å holde seg i form.
Da blir du ikke syk så lett.

Hassan: Ja, kanskje det?

Larissa: Og så er det gøy å trene også. Jeg pleier å trene to ganger i uka.

Hassan: Jeg har aldri vært på sånn trening. Men jeg har spilt fotball
i mange år. Kanskje jeg kan prøve når jeg blir frisk?

Larissa: Hvorfor ikke? Du kan jo ha en prøvetime.

Hassan: Det er sant. Er du også på vei til norskkurset, forresten?

Larissa: Nei, jeg kan ikke komme i kveld. Jeg må være barnevakt.
Randi har reist til England, og Ståle skal på fotballkamp.

Hassan: Javel. Vil du at jeg skal gi beskjed til Tor?

Larissa: Nei, det trenger du ikke. Jeg har snakket med Tor.

Hassan: Ja vel. Men nå må jeg gå. Jeg vil ikke komme for seint.

Larissa: Nei, det er sant. Vi ses – og god bedring!

1

2

3

4

5

6

D Jeg har hodepine

I pausen:

Hassan: Tor, kan jeg få snakke litt med deg?

Tor: Ja, selvfølgelig. Hva er det, Hassan?

Hassan: Jeg er litt forkjølet og har hodepine. Kan jeg gå hjem?

Tor: Ja, selvfølgelig kan du det. Har du tatt en tablett?

Hassan: Nei, jeg må gå innom apoteket og kjøpe det på veien hjem.

Tor: Ja, gjør det. Jeg synes at du skal gå hjem og slappe av. Liv, kona mi, er også syk. Hun har ligget i senga i to dager nå.

Hassan: Sier du det? Ja, da går jeg – jeg vil jo ikke smitte dere!

Tor: Nei … Ha det bra. Og god bedring!

Hassan: Takk.

Hassan går på apoteket og kjøper hodepinetabletter og nesespray. Etterpå går han hjem og legger seg i senga. Han tenker på Larissa og treningen. Så sovner han.

Uttale

Du skriver – du sier

> Du skriver **rs**.
> Du sier **rs** eller **rs**.

> Du skriver **rt**.
> Du sier **rt** eller **rt**.

kurs

norsk

tørst

Vær så god.

Han er så snill.

Tors kone har for stor lue.

kort

bort

skjørt

skjorte

Har Tor bil?

Han sover til klokka ni.

> Du skriver **rn**.
> Du sier **rn** eller **rn**.

> Du skriver **rd**.
> Du sier **rd** eller **rd**.

barn

morn

gjerne

Erna har ni barn.

lørdag

hvordan

en stor dag

Jeg har din bil.

> Du skriver **rl**.
> Du sier **rl** eller **rl**.

dårlig

kjærlighet

Hvor langt er det?

Hvor lenge er Lise her?

Leksjon 11

Grammatikk

Verbets tider *Past tense*

| Fortid | ← | Nåtid | → | Framtid |

Hun **har spist** frokost.
She has eaten

Hun **spiser** et eple nå. *now*

Hun **skal spise** middag klokka fem.

Tom **har badet.**
Tom has swam

Anne **bader** ikke nå. *now*

Hun **skal bade** etter maten.

Han **har vært** i Oslo.
He has been to Oslo

Han **er** hjemme nå.

Han **skal være** hjemme i morgen også./Han **er** hjemme **i morgen** også.

116

Verbets bøying

Perfekt.

	Infinitiv	Presens	Perfektum
Verbgruppe 1	å trene (exercise to train)	trener	har trent
	å spille – to play	spiller play	har spilt haveplayed
	å reise – to travel	reiser	har reist
	å kjøpe – to shop	kjøper	har kjøpt
	å tenke – to think	tenker	har tenkt
Verbgruppe 2	å snakke – speak	snakker	har snakket
	å stresse stress	stresser	har stresset
	å slappe av relax	slapper av	har slappet av
	å smitte to infect	smitter	har smittet
	å sovne to fall asleep	sovner	har sovnet
Uregelrette verb irregular	å være to be	er	har vært
	å ha to have	har	har hatt
	å gjøre to do	gjør	har gjort
	å bli to become	blir	har blitt
	å gå to go	går	har gått

for a regular terms each

In the summer = Every summer

Om sommeren – hver sommer

Every summer I play football

Om sommeren spiller jeg fotball.   Hver sommer spiller jeg fotball.
In autumn I read a lot   Every autumn I read a lot
Om høsten leser jeg mye.   Hver høst leser jeg mye.
In winter I go for a ski   Every winter I go skiing
Om vinteren går jeg på ski.   Hver vinter går jeg på ski.
In the spring I go for walk.
Om våren går jeg på tur.   Hver vår går jeg på tur.
Every spring I go for walks

Denne sommeren (This summer)

Rule = ① Verb in 2nd place

② Subject as close to verb as possible

③ Adverb (eg ikke) as close to the verb as possible (modifies verb)

④ Perfekten (par prisible

117

Ord og uttrykk

[handwritten: Nice to see you]
- Hyggelig å se deg!   – Takk i like måte!
- Hvordan går det?   – Takk, det går fint! Og med deg?   *[handwritten: Thanks, it's good) and with you]*
  [handwritten: How does it go]
      – Takk, bare bra.
      – Bare bra.
      – Ikke så bra. *[handwritten: No so good]*
     ?– Det går dårlig.

[handwritten: how are you?]
- Hvordan har du det?   – Takk, jeg har det fint. Og du? *[handwritten: I have this / and you]*
- Har du det bra?   – Ja, takk.
      – Nei, jeg er så forkjølet. *[handwritten: I have a cold]*
      – Nei, jeg har hodepine. Jeg er ikke *[handwritten: I have a headache / I am most]*
      så bra i dag. *[handwritten: good today]*

- Det er viktig å holde seg i form.
- Jeg pleier å trene to ganger i uka.

| ? God bedring! |

Samfunnsfag

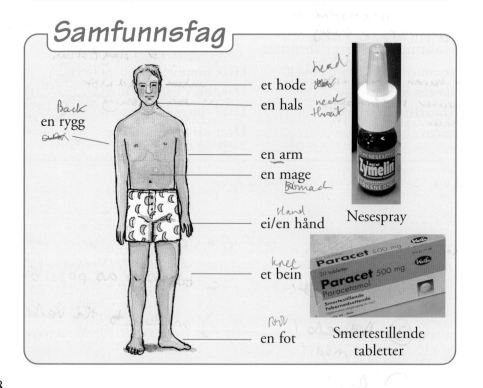

[handwritten: Back] en rygg *[handwritten]*

et hode *[handwritten: head]*
en hals *[handwritten: neck / throat]*

en arm
en mage *[handwritten: stomach]*

ei/en hånd *[handwritten: Hand]*

et bein *[handwritten: knee]*

en fot *[handwritten]*

Nesespray

Smertestillende
tabletter

12 **A** Var du i butikken i går?

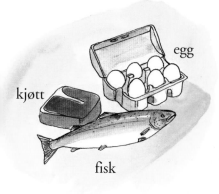

egg

kjøtt

fisk

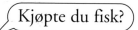
Kjøpte du fisk?

Husket du å kjøpe melk?

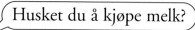
Hva kjøpte du?

frukt

melk

olje

ost

margarin

smør

grønnsaker

ris

brød

spagetti

sukker

søtsaker

119

shall you shoplack food to day in forflat

(B) Skal du handle mat i dag?

> Er tomatene på tilbud i dag?

when/how shoplack you

> Hvor handler du?

C) I går var Arne i butikken

1

Urai var syk i går. Hun hostet og var forkjølet.

2

Etter arbeidet gikk Arne innom butikken for å kjøpe mat.

3

Først gikk han til fruktdisken.
De hadde bananer, appelsiner, epler og pærer, men de hadde ikke druer.
Arne kjøpte et kilo bananer.

4

Pærene var fine, men dyre.
Urai likte pærer, så Arne kjøpte to.
Eplene var billige, så han kjøpte en stor pose epler også.

5

Så gikk han til grønnsakdisken.
Paprikaene var små, så han tok tre.
Tomatene var ikke så fine, så han tok
salat og agurk i stedet.

6

Arne kjøpte ikke frossen fisk fra
frysedisken, for det var tilbud på fersk
torsk. Han kjøpte tre store skiver.

7

Så skulle han ha melk. Han gikk til
kjøledisken. Urai kjøpte iblant
lettmelk og iblant skummetmelk.
Arne likte best helmelk. Han tok
3 liter lettmelk og 2 liter helmelk.

8

Han gikk til brødhyllen. Loff eller
grovbrød? Selv likte han best loff,
men Urai kjøpte jo alltid grovbrød.
Han tok ett grovbrød og én loff.

9

Ved kassen var det sjokolade,
ukeblader og aviser. Arne tok *KK*
til Urai.

10

Han gikk til kassen for å betale.
Han fikk to bæreposer og puttet
varene ned i posene.

11

Varene kostet kr 234,50. Arne ble
forbauset. Ble det virkelig så mye?
Hadde han nok penger?

12

Ja, heldigvis! Han var lettet.
Tenk at maten var så dyr!

Grammatikk

fot

lite = little

Adjektiv

en-ord	ei-ord	et-ord
small/short pretty. little mini	*Here is a little pear*	*Here is a little apple*
Her er en **liten** banan.	Her er ei **lita** pære.	Her er et **lite** eple.
Here is a little banan	Her er en **liten** pære.	

Bananen er **liten**.
The bananner is little

Pæra er **lita**. *The pears are little*
Pæren er **liten**. *The pears are little*

Eplet er **lite**. *The apple are little*

Her er to **små** bananer, to **små** pærer og to **små** epler.
Here are 2 small bananen, 2 small pears and 2 small apples

Bananene er **små**, pærene er **små**, og eplene er også **små**.
The bannanas are small, the pears are small, and the apples are small

Små is the plural for most *very unusual*
lite *

Verbets tider

Perfektum
– Hva har han gjort?
– Han har kjøpt mat.

Når?

Preteritum *When buy he*
– **Når** kjøpte han mat?
– Han kjøpte mat **klokka 4**.
He bought

Verbets bøying

Når?

	Infinitiv	Presens	Preteritum	Perfektum
1	å kjøpe _to buy_	kjøper _buy_	kjøpte _bought_	har kjøpt _have bought_
	å spise _to eat_	spiser _eat_	spiste _ate_	har spist _have eaten_
	å like _to like_	liker _like_	likte _liked_	har likt _have liked_
2	å huske _to remember recollect_	husker _remembed_	husket _remembed_	har husket _had remembed_
	å handle _to shop_	handler _shop_	handlet _shopped_	har handlet _have shopped_
	å hoste _to cough_	hoster _cough_	hostet _coughed_	har hostet _have caughet_
	å koste _to cost_	koster _cost_	kostet _costed_	har kostet _have cost_
	å putte _to put_	putter _put_	puttet _put_	har puttet _have put_
Uregelrette verb	å være _to be_	er _is_	var _was_	har vært _have been_
	å ha _to have_	har _have_	hadde _had_	har hatt _has had_
	å gjøre _to do_	gjør _do_	gjorde _did_	har gjort _have done_
	å bli _to drive_	blir _drive_	ble _drove_	har blitt _had driven_
	å gå _to go_	går _go_	gikk _went_	har gått _have gone_

Ord og uttrykk

(logemal cook)

Can you buy food today
– Kan du kjøpe mat i dag?

Are these is some good offers today
– Er det noen gode tilbud i dag?

– Hva er på tilbud i dag?
What is on offer today?

Today the apples are on offer/supply/bid
– I dag er eplene på tilbud.

– I dag er det tilbud på epler.
Today it is there is an offer for the apples

Samfunnsfag

Hva spiser en nordmann?
Når spiser en nordmann?

Dette er en vanlig nordmann. Han pleier å spise en god frokost
med grovbrød, forskjellig pålegg, kaffe og melk.
I tolvtida spiser han lunsj. Da spiser han også noen skiver
grovbrød med forskjellig pålegg og drikker kaffe eller te.

Etter jobben spiser han middag sammen med familien. Han liker
kjøttkaker, pølser og fisk. Han spiser ofte poteter og av og til ris
eller pasta. Han prøver å spise grønnsaker til middagen hver dag.

I sjutida drikker han kaffe sammen med kona si eller samboeren
sin. De prater og ser på nyheter på TV.

13

A Hvilket yrke har du?

What job do you do

Hva gjør du? *What do you do*

Hvor arbeider du? *Where do you work*

Studerer du? *Study you*

1

I am carmechanic and I work at a garage/w/shm I've always liked working with cars

Jeg er bilmekaniker og arbeider på et verksted. Jeg har alltid likt å jobbe med biler.

2

I am an industrial work. I work in Oil. It is hard/heavy job but the pay is nor so bad. Femine

Jeg er industriarbeider. Jeg arbeider i oljeindustrien, på en plattform. Det er et tungt arbeid, men lønna er ikke så verst.

3

tootle dentist. It is a good job, but it is long training

Jeg er tannlege. Det er et bra yrke, men det er lang utdanning.

4

I am fisherman. work on my fishing boat. I like to live by the sea

Jeg er fisker. Jeg arbeider på fiskeskøyta mi. Jeg liker å bo ved sjøen.

127

5

I am nurse   There is much to do
Jeg er sykepleier. Det er mye å gjøre
at hospital
på sykehuset. Det er ikke nok senger
There are not enough
til alle syke.
bed for all the sick.

6

I am priest and work in church
Jeg er prest og arbeider i kirken.
Du er velkommen i kirken på søndag!
You are welcome to the church sunday.

7

I am student I study math
Jeg er student. Jeg studerer
matematikk.

8

I am out of work   I am going to a
Jeg er arbeidsledig. Jeg går på et
free for work
kurs nå.
Course at the moment.

Work – 2 sentence.
where, what ....

B Carlos fra Colombia

Det er en ny elev på norskkurset i dag. Han heter Carlos og er fra Colombia. Tor spør om Carlos kan fortelle litt om seg selv:

Jeg kom til Norge for to år siden. Jeg måtte flykte fra Colombia på grunn av mine politiske meninger. I Norge fikk jeg politisk asyl. Jeg fikk tilbud om å gå på norskkurs, men jeg ville jobbe i stedet. Jeg hadde så mange ting å tenke på, så …

Jeg var heldig og fikk jobb i et bakeri. Jobben var ikke så vanskelig, og jeg lærte litt norsk av kollegaene mine. Jeg arbeidet skift, så jeg hadde ikke samme arbeidstid hver dag. Noen dager begynte jeg tidlig, andre dager jobbet jeg om ettermiddagen og om kvelden.

Men for to måneder siden måtte bakeriet stenge, og jeg mistet jobben. Jeg meldte meg på arbeidskontoret, og de sa at jeg må gå på norskkurs. Jeg tror at de har rett. Jeg trenger å lære mer. Jeg kan snakke ganske godt norsk, tror jeg, men jeg trenger å øve på å skrive norsk for å få en jobb.

I Colombia arbeidet jeg som lærer. Jeg har lyst til å arbeide med barn og unge igjen. Jeg håper at jeg kan få jobb på en skole eller i en barnehage.

C Indira arbeider på et sykehjem

Faren til Indira er fysioterapeut og arbeider
på sykehuset i Nordby. Han har vært i
Norge i fire år. For fire måneder
siden flyttet kona hans og de
fire barna deres også til Norge.

Indira er 20 år. Hun vil gjerne
arbeide på sykehus, men hun
må gå på norskkurs først.
Faren hennes sier at det er bra
å arbeide på sykehus.
«Du må snakke mye, og da
lærer du norsk. Og du blir aldri
arbeidsledig,» sier han.

Faren til Indira har hjulpet
henne med å finne en praksisplass på et
sykehjem i Nordby. Nå har hun jobbet der i to måneder to dager i uka.
Hun liker jobben, men det er tungt arbeid, og hun er ofte trøtt etter
arbeidsdagen. Indira jobber på en avdeling for gamle mennesker.
Noen ligger der et par uker, andre flere måneder. Hun hjelper de gamle
med å stå opp, hun rer opp senger, vasker og rydder. Noen ganger sitter
hun sammen med dem når de spiser, og hun prøver å snakke mye med
dem. Indira synes det er hyggelig å arbeide med de gamle. De forteller
om barn og barnebarn. Noen har også oldebarn.

Indira synes at hun har lært mye norsk, og hun har tenkt mye på hva
hun skal bli. Det trengs sykepleiere og leger i Norge, og det er
spennende yrker.

Grammatikk

Verbets tider

Fortid ←——————— Nåtid ———————→ Framtid

Hun har kjøpt ei bok.

Hun kjøper mat nå.

Hun skal kjøpe ei lue i ettermiddag.

Hun kjøpte boka klokka halv to.

Når kjøpte hun boka?

Han har bakt boller.

Han baker brød nå.

Han skal bake horn i morgen.

Han bakte boller i går.

Når bakte han boller?

131

Hun har vært i Oslo.

Hun er hjemme i dag.

Hun skal være hjemme i morgen også.

Når var hun i Oslo?

Hun var i Oslo på lørdag.

– **Har** du **flyttet**?
– Ja.

Når kom du?

– Når **flyttet** du?
– Jeg **flyttet** for ei uke siden.

– **Har** du **kjøpt** mat?
– Ja.
– Når gjorde du det?
– Jeg **kjøpte** mat på veien hjem fra jobben.

PRETERITUM ved bestemt tid	
Jeg kom	da.
	klokka 4.
	for en time siden.
	i går.
	på fredag.
	for to uker siden.
	for to år siden.

– **Skal** du **begynne** å arbeide?
– Nei, jeg **har begynt**.
– Når **begynte** du?
– Jeg **begynte** (å arbeide) for to uker siden.

– **Har** du **sagt** til Åshild at du skal kjøpe hus?
– Ja, det **har** jeg.
– Når gjorde du det?
– Jeg **sa** det på festen på lørdag.

Verbets bøying

	Infinitiv	Presens	Preteritum	Perfektum
1	å lære	lærer	lærte	har lært
	å bake	baker	bakte	har bakt
	å begynne	begynner	begynte	har begynt
	å stenge	stenger	stengte	har stengt
	å melde	melder	meldte	har meldt
	å trenge	trenger	trengte	har trengt
	å studere	studerer	studerte	har studert
2	å arbeide	arbeider	arbeidet	har arbeidet
	å jobbe	jobber	jobbet	har jobbet
	å flykte	flykter	flyktet	har flyktet
	å flytte	flytter	flyttet	har flyttet
	å håpe	håper	håpet	har håpet
	å starte	starter	startet	har startet
Uregelrette verb	å si	sier	sa	har sagt
	å gi	gir	ga	har gitt
	å se	ser	så	har sett
	å stå	står	sto	har stått
	å få	får	fikk	har fått

133

Ord og uttrykk

– **Hvilket yrke har du?**   – **Hvor jobber du?**   – **Hva gjør du?**

– Jeg er bilmekaniker.   – Jeg arbeider på et verksted.   – Jeg reparerer biler.

– Jeg er lege.   – Jeg arbeider på et sykehus.   – Jeg hjelper syke
                                                 mennesker.

– Jeg er lærer.   – Jeg arbeider på en skole.   – Jeg underviser.

– **Hvorfor** kom du til Norge?
– Jeg kom til Norge **fordi**   jeg måtte flykte fra hjemlandet mitt.
                                   jeg fikk en jobb her.
                                   jeg ble glad i en norsk kvinne/mann.

– Jeg har mye å gjøre.
– Jeg har mye å tenke på.
– Jeg har det travelt.
– Jeg har liten tid.

Jeg har lyst **på**   noe å spise.   Jeg har lyst **til**   å danse.
                       noe å drikke.   å studere.
                       et eple.   å gå på kurs.
                       ei ny bukse.   å slappe av.

Samfunnsfag

Arbeid ute og hjemme

En norsk mann med heltidsarbeid arbeider 37,5 timer i uka.
Han bruker også ca. 18 timer i uka på arbeid hjemme. Da pleier han
å vaske bilen, reparere huset, gjøre hagearbeid og liknende.

En norsk kvinne med heltidsarbeid arbeider også 37,5 timer i uka.
Yrkesaktive kvinner bruker i tillegg ca. 26 timer i uka på husarbeid.
Hun vasker opp, støvsuger, lager mat og vasker klær.

I unge familier pleier mor og far å dele på husarbeidet, og i familier
med små barn bruker begge foreldrene mye tid på å være sammen med
barna.

Barn og ungdom bruker ikke så
mye tid på husarbeid, bare ca.
7 timer i uka.

Pensjonister – spesielt kvinner
– bruker mye tid på husarbeid,
ca. 33 timer i uka.

135

14 A Hva gjør du i fritida?

Reparerer du bilen din?

Leser du ukeblad?

Danser du?

Syr du? Eller liker du å strikke?

Har du gjester?

Fotograferer du?

Danser du?

Slapper du av?

Går du lange turer med hunden?

B Er du interessert i sport?

Sykler du?

Svømmer du?

Jogger du?

Spiller du fotball?

Går du på skøyter?

Spiller du golf?

Eller liker du best å se på sport på TV?

Går du på ski?

C Tor og John

Tor: Hvordan går det, John?

John: Takk, bare bra. Og med deg?

Tor: Takk, fint. Er du på vei til barnehagen?

John: Nei, Anne skal hente Tom i dag. Jeg skal på øvelse.
Jeg spiller i et band.

Tor: Jaså, gjør du det? Hva spiller du?

John: Jeg spiller saksofon. Jeg har spilt saksofon i mange år. Jeg liker
å spille sammen med andre. Av og til spiller vi i bryllup eller
til dans.

Tor: Jeg spiller bare CD-er. Jeg er ikke musikalsk. Hva gjør du ellers
i fritida?

John: Det er forskjellig. Jeg leser og ser på TV. Jeg er glad i å danse
også. Anne og jeg går på swing-kurs en gang i uka.

Tor: Hvem er barnevakt, da?

John: Mora til Anne passer på Tom. Hun sier at det er viktig at vi går
ut sammen av og til. Det er lett å bli isolert med små barn.

Tor: Det er sant. Voksenkontakt er viktig.

John: Ja, og i kveld skal vi forresten til Arne og Urai. De er veldig
hyggelige. Men nå må jeg løpe. Jeg skal rekke bussen!

Tor: Vi ses på norskkurset i morgen!

John: Ja, vi ses!

D Tor og Carlos

Tor: Hei, Carlos. Hyggelig å se deg!

Carlos: I like måte. Hvordan går det?

Tor: Det går bra. Og med deg?

Carlos: Takk, bare bra.

Tor: Er du på vei til arbeidskontoret?

Carlos: Nei, jeg skal til en kamerat. Vi holder på å reparere bilen hans.

Tor: Sier du det?

Carlos: Ja, jeg liker å mekke bil i fritida. Og så har jeg lyst til å kjøpe en. Men jeg har ikke penger akkurat nå. Jeg må spare.

Tor: Ja, det er dyrt å kjøpe bil.

Carlos: Ja, men med bil kan man kjøre på tur og se litt mer av Norge.

Tor: Det er sant. Vi pleier å reise til sjøen om sommeren. Men du kan jo ta toget også.

Carlos: Ja, det kan jeg. Men jeg liker å bestemme selv hvor jeg skal reise, og når jeg skal reise. Med bil kan jeg også stoppe hvor jeg vil. I dag skal jeg forresten på besøk. Urai har invitert hele klassen på middag. Det blir hyggelig. Jeg gleder meg. Det er fint å få nye venner.

E Tor og Urai

Tor: Hvor arbeider du, Urai?

Urai: Jeg arbeider hjemme. Jeg er husmor.

Tor: Hvor lenge har du vært i Norge nå?

Urai: I åtte måneder.

Tor: Og nå er du gravid?

Urai: Ja, det er jeg. Barnet kommer om fire måneder.

Tor: Hva gjør du om dagen?

Urai: Jeg lager mat, vasker opp, rydder og støvsuger … Og så arbeider
       jeg med norskleksene. Nå snakker jeg alltid norsk med Arne,
       mannen min.

Tor: Så flott! Du vet, morsmålet ditt er veldig forskjellig fra norsk.
       Derfor er det fint at du får mye øvelse.

Urai: Ja, det er sant. Men det er litt slitsomt iblant.

Tor: Liker du å være hjemme?

Urai: Ja, jeg synes det er greit. Jeg liker å lage mat, men jeg liker ikke
       å vaske og støvsuge. Det er litt kjedelig. Men jeg liker å sy, og
       det har jeg tid til.

Tor: Hva syr du?

Urai: Nå syr jeg barneklær.

Tor: Ja, selvfølgelig!

Grammatikk

Verbets bøying

	Infinitiv	Presens	Preteritum	Perfektum
1	å svømme	svømmer	svømte	har svømt
	å lese	leser	leste	har lest
	å reparere	reparerer	reparerte	har reparert
	å like	liker	likte	har likt
2	å danse	danser	danset	har danset
	å sykle	sykler	syklet	har syklet
	å hente	henter	hentet	har hentet
	å lage	lager	laget	har laget
3	å pleie	pleier	pleide	har pleid
	å prøve	prøver	prøvde	har prøvd
4	å sy	syr	sydde	har sydd
	å bo	bor	bodde	har bodd
Uregelrette verb	å ta	tar	tok	har tatt
	å vite	vet	visste	har visst
	å skulle	skal	skulle	har skullet
	å ville	vil	ville	har villet
	å måtte	må	måtte	har måttet
	å kunne	kan	kunne	har kunnet
	å burde	bør	burde	har burdet

Tidsuttrykk

i	– **Hvor lenge** har du vært i Norge nå?	
	– Jeg **har vært** her	i ei uke.
		i en måned.
		i et år.
	– **Hvor lenge** skal du være i Oslo?	
	– Jeg **skal være** i Oslo	i ei uke.
	– **Når** kom du til Norge?	
	– Jeg **kom** til Norge	i 2002.
	– **Når** sluttet du å jobbe?	
	– Jeg **sluttet** å jobbe	i fjor.
for ... siden	– **Når** kom du til Norge?	
	– Jeg **kom** til Norge	for en måned siden.
		for fem år siden.
om	– **Når** kommer du til Bergen?	
	– Jeg **kommer** til Bergen	om en måned.
		om to dager.
	– **Når** spiller du fotball?	
	– Jeg **spiller** fotball	om sommeren.
		om høsten.
		om vinteren.
		om våren.

hver	– **Hvor ofte** besøker du Eva?	
	– Jeg **besøker** Eva	hver uke.
		hver torsdag.
	– **Når** spiller du fotball?	
	– Jeg **spiller** fotball	hver sommer.
		hver høst.
		hver vinter.
		hver vår.
på	– **Når** kommer du til Bergen?	
	– Jeg **kommer** til Bergen	på torsdag.
		på fredag.
	– Har du sett Eva?	
	– Nei, jeg **har ikke sett** Eva	
		på to uker.
		på mange timer.
til	– **Når** skal du begynne å studere?	
	– Jeg **skal begynne**	til høsten.
		til neste år.

Ord og uttrykk

– Hva gjør du i/på fritida?

– Driver du med sport?

– Er du medlem i en idrettsklubb?

– Har du lyst til å begynne å trene?

– Holder du deg i form?

– Hva liker du å drive med?

– Har du noen hobbyer?

Samfunnsfag

Hva gjør nordmenn i fritida?

Stadig flere nordmenn har fått mer fritid. De fleste fyller fritida med forskjellige aktiviteter. Det kan være alt fra sport til musikk eller et kurs i matlaging. Det er også viktig å være sammen med familie og venner. Man spiser middag sammen eller drar på turer sammen.

Felles for alle er at de liker å komme ut og ikke bare sitte hjemme. Men dagene går fort, særlig hvis man har barn i skolealder. Barna er ofte med på én eller flere aktiviteter i fritida, og da er det vanlig at mor eller far (eller begge to) stiller opp. Mange nordmenn tenker på alt de skal gjøre når de blir pensjonister – og får god tid!

15 A En telefonsamtale

– Hallo!
– Olsen.
– Olsen, vær så god.
– Hei, det er Randi.

– Hei, det er Hassan.
– God dag. Dette er Hassan Darani.
– Er Larissa hjemme?
– Kan jeg få snakke med Larissa?
– Jeg vil gjerne snakke med Larissa.

– Ja, et øyeblikk.
– Et øyeblikk, så kommer hun.
– Ja, bare vent litt.
– Nei, hun er ikke hjemme.
– Hun er dessverre ikke hjemme.

B Lørdag morgen

Det er lørdag morgen. Hassan ligger i senga og tenker. Han tenker på alt han skal gjøre. Først skal han gå på biblioteket og låne noen CD'er, og kanskje ei bok også. Han tror at han kan greie å lese ei norsk bok nå. Han må ikke glemme å sende en e-post til Ali.

Så må han gå på postkontoret for å sende ei pakke til mora og faren i Iran.

Han skal ringe til Carlos og spørre om de skal reise til Oslo sammen neste helg.

Så skal han kjøpe mat til helgen. Han skal kjøpe fisk, ris, grønnsaker og frukt. Han trenger ei ny skjorte også. Han skal se om han kan finne ei billig skjorte.

Klokka halv sju skal han treffe Larissa utenfor Forum.

De skal gå på kino først og deretter på diskotek og danse.

Hassan plystrer ... Livet er ikke så verst!

C Søndag morgen

Det er søndag morgen. Hassan har ikke lyst til å stå opp. Han er trist. Han ligger og tenker på lørdagen. Hva hendte egentlig?

Han var på vei til biblioteket, men i sentrum traff han John, og de begynte å snakke sammen. John sa at han hadde en ny CD, og han ville at Hassan skulle bli med hjem og høre på den. Og Hassan ble med. De hørte på CD-en, og deretter spiste Hassan lunsj sammen med John, Anne og Tom. Så lånte han ei bok av John. Boka het «Mordet i heisen». Han gikk hjem klokka tre. Da var postkontoret stengt, så han kunne ikke sende pakken. Men matbutikken var åpen, så han gikk dit og kjøpte mat. Han kjøpte en pizza, tomater, agurk, salat, paprika og epler.

147

Han begynte å lese boka. Den var så spennende at han glemte å ringe til Carlos. Plutselig så han at klokka var kvart på sju! Han hadde en avtale klokka halv sju med Larissa. Han kom til Forum klokka sju. Larissa var ikke der.

Han tok fram mobiltelefonen og ringte hjem til Larissa. Fru Olsen svarte:

«Nei, Larissa er ikke hjemme. Hun gikk kvart over seks. Hun skulle treffe en gutt. Jeg tror at han het Hassan.»

Grammatikk

Verbets bøying

	Infinitiv	Presens	Preteritum	Perfektum
1	å ringe	ringer	ringte	har ringt
2	å plystre	plystrer	plystret	har plystret
3	å greie	greier	greide	har greid
4	å tro	tror	trodde	har trodd
Uregelrette verb	å ligge	ligger	lå	har ligget
	å legge	legger	la	har lagt
	å sitte	sitter	satt	har sittet
	å sette	setter	satte	har satt
	å treffe	treffer	traff	har truffet
	å hete	heter	het	har hett
	å spørre	spør	spurte	har spurt
	å finne	finner	fant	har funnet
	å hjelpe	hjelper	hjalp	har hjulpet
	å komme	kommer	kom	har kommet

Så – så – så – så

1 Se – ser – så – har sett

Han **så** på klokka. Han **så** at den var kvart på sju.

2 **Så** = deretter

Først skal han gå til biblioteket. **Så** skal han sende ei pakke på postkontoret.
Så skal han kjøpe mat. **Så** skal han gå på kino.

3 **Så** = veldig

Maten er **så** dyr! Boka er **så** spennende! Hassan var **så** trist!

4 **Så** = derfor

Postkontoret var stengt, **så** han kunne ikke sende pakken.
Matbutikken var åpen, **så** han gikk dit og kjøpte mat.
Larissa var ikke der, **så** Hassan ble veldig trist.

Tidsadverb og verbbruk

Tidsadverb	Presens + futurum	Preteritum + fortidsfuturum
Nå	Nå **ligger** Hassan i senga. Han tenker på alt han **skal gjøre**.	
–		Hassan **lå** i senga. Han tenkte på alt han **skulle gjøre**.
Først	Først **skal** han **gå** på biblioteket.	Først **skulle** han **gå** på biblioteket.
Deretter	Deretter **skal** han **gå** på postkontoret.	Deretter **skulle** han **gå** på postkontoret.
Så	Så **skal** han **kjøpe** mat til helgen.	Så **skulle** han **kjøpe** mat til helgen.
Etterpå	Etterpå **skal** han **kjøpe** ei ny skjorte.	Etterpå **skulle** han **kjøpe** ei ny skjorte.
Til slutt	Til slutt **skal** han **gå** på kino og på diskotek.	Til slutt **skulle** han **gå** på kino og på diskotek.

149

Ord og uttrykk

– Hallo!
– Olsen, vær så god.

– Er … hjemme?
– Kan jeg få snakke med …?

– Nei, hun er ikke hjemme,
dessverre. Kan jeg ta imot
en beskjed?

– Ja takk. Kan du si at … har ringt?
– Nei takk, det er ikke nødvendig.
Jeg ringer igjen seinere.

– Det er greit. Ha det!

– Ha det!

Samfunnsfag

Gro Harlem Brundtland

Gro Harlem Brundtland ble født i
Oslo i 1939. Hun er utdannet
lege. I begynnelsen arbeidet hun
mye med gravide kvinner som
var i en vanskelig livssituasjon.
Hun var også med i politisk
arbeid, og hun engasjerte seg spesielt for kvinners rettigheter.
Hun arbeidet blant annet for at det skulle bli selvbestemt abort i
Norge, og i 1978 fikk vi en lov for dette: I inntil 3 måneder
(12 uker) i svangerskapet kan kvinnen selv bestemme om hun vil
beholde barnet eller ikke.

Gro Harlem Brundtland fikk plass i regjeringen i 1974. Da ble
hun miljøvernminister.

I 1981 ble hun Norges første kvinnelige statsminister – men bare
for åtte måneder. Hun ble igjen statsminister i perioden 1986–89,

og for tredje gang i perioden 1990–96. Hun markerte seg internasjonalt, og i 1998 ble hun valgt til president i WHO. Hun sluttet i WHO i 2003. Gro Harlem Brundtland kjemper for at kvinner over hele verden skal ha de samme rettighetene som kvinner i Norge.

Gro er gift med Arne Olav Brundtland. De har fått fire barn sammen.

Thor Heyerdahl

Thor Heyerdahl ble født i Larvik i 1914. Han var en nysgjerrig, men også litt beskjeden gutt.

Thor Heyerdahl var interessert i mennesker. Han ville finne ut hvordan folk har reist og levd i ulike deler av verden til ulike tider. Han mente at menneskene veldig tidlig reiste langt over hav, ikke bare over land. Mange andre forskere mente at Thor Heyerdahls teorier var useriøse. Derfor ville han vise at han kunne ha rett. Sammen med noen venner bygde han en flåte av balsatre, Kon-Tiki, og seilte fra Peru til Polynesia på den. Seinere reiste han med sivbåten Ra fra Marokko til Barbados.

Thor Heyerdahl var gift tre ganger og hadde fem barn. I 1958 kjøpte han et hus i Italia. Han likte å reise dit for å slappe av og være sammen med familien sin. Han døde i april 2002.

16 A Hvor bor du?

– **Hvor bor du?**
– Bor du i sentrum?
– Hva er adressen?

– **Hvordan bor du?**
– Bor du i en leilighet, eller har du hus?
– Har du bare ett rom?
– Leier du et gammelt hus?

– **Hva betaler du i leie?**
– Hvor høy er leien?
– Hva betaler du i måneden?
– Er leiligheten dyr?

– **Hvor stor er …?**
– Hvor stor er leiligheten?
– Hvor mange kvadratmeter er den på?
– Hvor mange rom har du?
– Hvor stort er kjøkkenet?

– **Er leiligheten moderne?**
– Er leiligheten møblert?
– Har du bad?
– Har du ikke dusj?

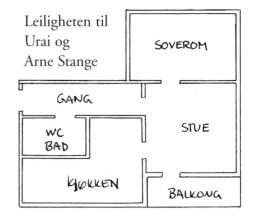

Leiligheten til
Urai og
Arne Stange

SOVEROM

GANG

WC
BAD

STUE

KJØKKEN

BALKONG

B Her bor Urai og Arne Stange

C   Urai vil flytte

Arne og Urai venter barn i februar.
Nå bor de i en liten blokkleilighet
på to rom, kjøkken og bad. Stua er
lita, og kjøkkenet er trangt. Arne
bodde alene i leiligheten før de ble
gift. Den er akkurat passe til én
person, men den er for liten til to.
Og snart blir de tre. De trenger mer
plass. Dessuten har Urai lyst på et
arbeidsrom. Kanskje hun kan
arbeide hjemme med å sy klær
for folk?

Arne kommer hjem fra jobben klokka halv fire. Da vil Urai snakke med
ham om det. Hun går til butikken for å kjøpe ei avis. Kanskje det er
boliger til salgs? I alle fall kan hun kikke litt. Det er jo gratis.

D   Hus til salgs

HUS TIL SALGS I ALSVIK
Bygd ca. 1930. 3 mål tomt, frukthage, utsikt. 130 m², to etasjer. 1. et.: stue, kjøkken, gang, 2. et.: 3 soverom, bad. Visning e. avtale.
AVANT EIENDOMSMEGLER, **tlf. 32 41 16 19.**

Urai ser i avisa. Det er mange leiligheter til salgs. Men de er dyre.
Til slutt finner hun et lite hus. Det ligger litt utenfor sentrum.
Huset er gammelt, men det har en stor, fin hage. Og det er ikke så dyrt.
Urai ringer til eiendomsmegleren:

– Avant eiendomsmegler, vær så god. Kan jeg hjelpe deg?

– God dag. Dette er Urai Stange. Det gjelder en annonse om
et hus til salgs i Alsvik. Den står i avisa i dag.

– Ja, det stemmer. Et øyeblikk, så skal du få snakke med
Jens Andersen.

– Ja takk.

Urai venter. Hun er litt nervøs.

– God dag. Det er Jens Andersen.

– Ja, god dag. Dette er Urai Stange. Det gjelder en annonse om
et hus til salgs i Alsvik. Den står i avisa i dag.

– Ja, det stemmer.

– Hvor stort er huset?

– Det er to etasjer. Hver etasje er på 65 kvadratmeter. Men tomta
er stor, nesten tre mål.

– Er huset i dårlig stand?

– Tja, det er jo gammelt, fra 1930-årene. Har du lyst til å komme
og se på det, kanskje?

– Ja takk, gjerne. Når kan vi komme?

– La meg se … Kan dere komme i ettermiddag klokka seks?

– Ja, det passer bra.

– Tror du dere finner det?

– Ja, adressen står i annonsen, så det går bra.

– Hva var navnet ditt?

– Urai Stange, og mannen min heter Arne Stange. Hva var
ditt navn?

– Jens Andersen. Da ses vi klokka seks!

– Ja, det er greit. Ha det!

– Ha det!

E Et lite, gammelt hus på landet

Klokka seks i går var Arne og Urai og så på huset i Alsvik. Det tok
45 minutter å kjøre fra Nordby. Arne syntes at det var langt.

Huset var lite og hvitt. Det lå mellom to store trær. Foran huset var det
en stor plen, og bak huset var det en frukthage. Urai syntes at det så
veldig koselig ut. Eiendomsmegleren fortalte at eierne av huset var
på sykehjem. Nå ville slektningene selge huset for dem.

De gikk inn på baksiden av huset. Gangen var liten, men stua var stor.
Fra stua kunne de se ned på et lite vann. Utsikten var nydelig.

Skapene over kjøkkenbenken var gamle. Veggene var mørke og triste.

I andre etasje lå soverommene og badet. Badet var passe stort og med
et gammelt badekar. Det var veldig skittent. Det var tre soverom i andre
etasje, og ett hadde utsikt ned mot vannet. Der stod det en gammel
dobbeltseng og en kommode. Under
kommoden lå det et brunt teppe.
Men Urai prøvde å la være
å se på de gamle møblene
og de mørke veggene.
De kunne jo male,
rydde og ordne …

Etter visningen kjørte
de hjem. Arne var så
stille. Urai så på ham.
Han så det og smilte:
– Ja, ja. Vi får ikke
fritidsproblemer med et
sånt hus!

Grammatikk

Preposisjoner

 Ballen ligger **bak** bordet.

 Ballen ligger **foran** bordet.

 Ballen ligger **på** bordet.

 Ballen ligger **under** bordet.

 Ballen ligger **ved siden av** bordet.

 Ballen ligger **i** stolen.

 Ballen ligger **til høyre for** bordet.

 Ballen ligger **til venstre for** bordet.

 Ballen ligger **mellom** bordet og stolen.

I eller på?

på		**i**	
	på kjøkkenet		i stua
	på badet		i gangen
	på soverommet		i kjelleren
	på loftet		
	på do		
	på skolen		i banken
	på biblioteket		i sentrum
	på stasjonen		

på	på landet	i	i byen
	på Karmøy		
	på Langøya		
	på Sicilia		
	på Geilo		i Oslo
	på Voss		i Bergen
			i Norge
			i England

Personlige pronomen i objektsform

Subjekt		Objekt
jeg	Liker du	**meg?**
du	Jeg liker	**deg.**
han	Jeg liker	**ham/han.**
hun	Jeg liker	**henne.**
den	Jeg kjøper	**den.**
det	Jeg kjøper	**det.**
vi	Vil du treffe	**oss?**
dere	Jeg kan hjelpe	**dere.**
de	Jeg liker	**dem.**
De	Jeg skal hjelpe	**Dem.**

Jeg liker deg, men liker du meg?

Han liker **henne.**
Liker hun **ham?**

Ord og uttrykk

Til leie

– Pettersen, vær så god!

– God dag, dette er … Det gjelder en annonse om
en ledig leilighet. Den står i avisa i dag.

– Ja, det stemmer.

– Når er leiligheten ledig?

– Den er ledig fra …

– Hvor stor er leiligheten?

– Den er på … kvadratmeter.

– Hvor mange rom er det?

– Det er … rom og kjøkken og bad.

– Har du lyst til å komme og se på den?

– Ja takk, hva er adressen?

Samfunnsfag

Nordmenn og bolig

Mange nordmenn bruker mye tid og penger på huset. Store deler
av året må de være inne, og da liker de å ha det fint og koselig
rundt seg.

Omtrent 8 av 10 nordmenn eier boligen de bor i. «Å leie er
å kaste penger ut av vinduet,» sier mange. Mange kjøper bolig
så snart de får en fast jobb. Ikke alle har råd til en stor enebolig,
så det er vanlig å kjøpe en liten leilighet først. Etter noen år har
de kanskje spart og har råd til en leilighet med flere rom.
Så flytter de.

Mange liker å ha et stort hus med god plass så lenge barna bor
hjemme. Deretter selger de kanskje huset og flytter til en liten og
praktisk leilighet.

Hvordan bruker nordmenn pengene sine?

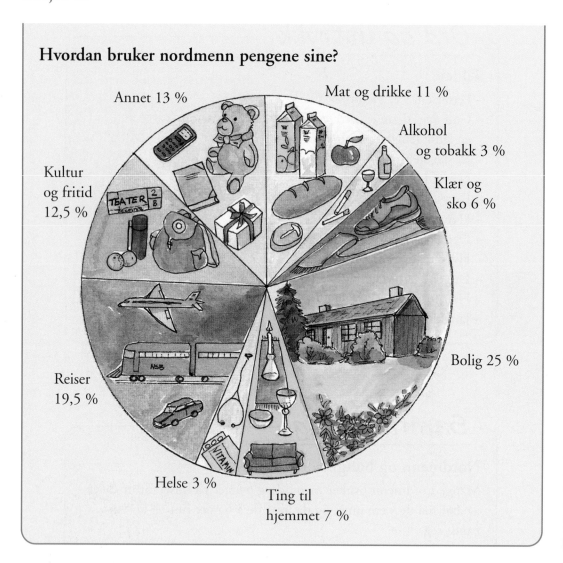

Annet 13 %

Mat og drikke 11 %

Alkohol og tobakk 3 %

Kultur og fritid 12,5 %

Klær og sko 6 %

Bolig 25 %

Reiser 19,5 %

Helse 3 %

Ting til hjemmet 7 %

17 A Å ta bussen

B Å kjøpe togbillett

– Når går morgentoget til Bergen?
– Går det noe tog midt på dagen?
– Når er nattoget framme i Bergen?
– Er det restaurantvogn på toget?
– Trenger jeg plassbillett?
– Ikke-røyker, takk.
– Er det noen forsinkelser?

TOGTIDER	TOGTIDER
OSLO – BERGEN	BERGEN – OSLO
7.21 – 13.58	7.30 – 14.05
10.20 – 18.05	10.10 – 17.31
15.30 – 22.15	15.15 – 22.11
22.50 – 07.20	22.45 – 07.00

C Hassan tar flyet til København

Grammatikk

Hvor går disse bussene?

Den bussen går til Oslo.

Denne bussen går til Alsvik.

denne bussen	**denne** drosja	**dette** toget	**disse** bussene
	denne drosjen		**disse** drosjene
			disse togene

eller

den bussen	**den** drosja	**det** toget	**de** bussene
	den drosjen		**de** drosjene
			de togene

Når? – Hvor ofte?

– **Når** går toget?

– Det går

om fem minutter.
om et kvarter.
om to timer.

– **Hvor ofte** går bussen
til sentrum?

– **Hvert** kvarter.
– **Hver** halvtime.
– En gang i timen.
– Annenhver time.

Ord og uttrykk

– Kan jeg hjelpe Dem?
– Skal jeg hjelpe deg?
– Trenger du hjelp?

– Å, tusen takk!
– Mange takk.
– Nei takk, veska
er ikke så tung.

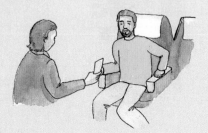

– Unnskyld, men dette er min plass!   – Å unnskyld meg!

– Unnskyld, men det er forbudt å røyke her!   – Unnskyld, jeg så ikke skiltet.
– Unnskyld, men det er ikke lov å røyke her!   – Unnskyld, jeg visste ikke det.

Samfunnsfag

Hurtigruten

Hurtigrutebåtene går fra Bergen til Kirkenes og tilbake igjen.
De stopper mange steder langs kysten og frakter mennesker
og gods.

I all slags vær arbeider Hurtigruten seg nordover – og sørover –
langs kysten. Hurtigruten betyr mye for folk langs kysten.
Jernbanelinja i Norge går bare til Bodø, og derfor er
Hurtigruten et viktig transport- og kommunikasjonsmiddel,
spesielt for folk i Nord-Norge.

I våre dager reiser mange turister med Hurtigruten i sommer-
halvåret, både utenlandske og norske. På Hurtigruten serverer
de god mat, og det er nydelig utsikt fra dekk. De siste årene har
vi fått flere helt nye hurtigruteskip, og de er bygd spesielt med
tanke på turistene. En tur med Hurtigruten er en drøm for
veldig mange nordmenn, men det er dyrt å være med på reisen
hele veien fra sør til nord og tilbake igjen. Derfor følger mange
skipet bare noen dager, og så tar de fly eller tog hjem igjen.
Likevel er det et minne for livet.

Hurtigruten på vei fra Svolvær

18

A For en herlig dag!

B For en herlig dag!

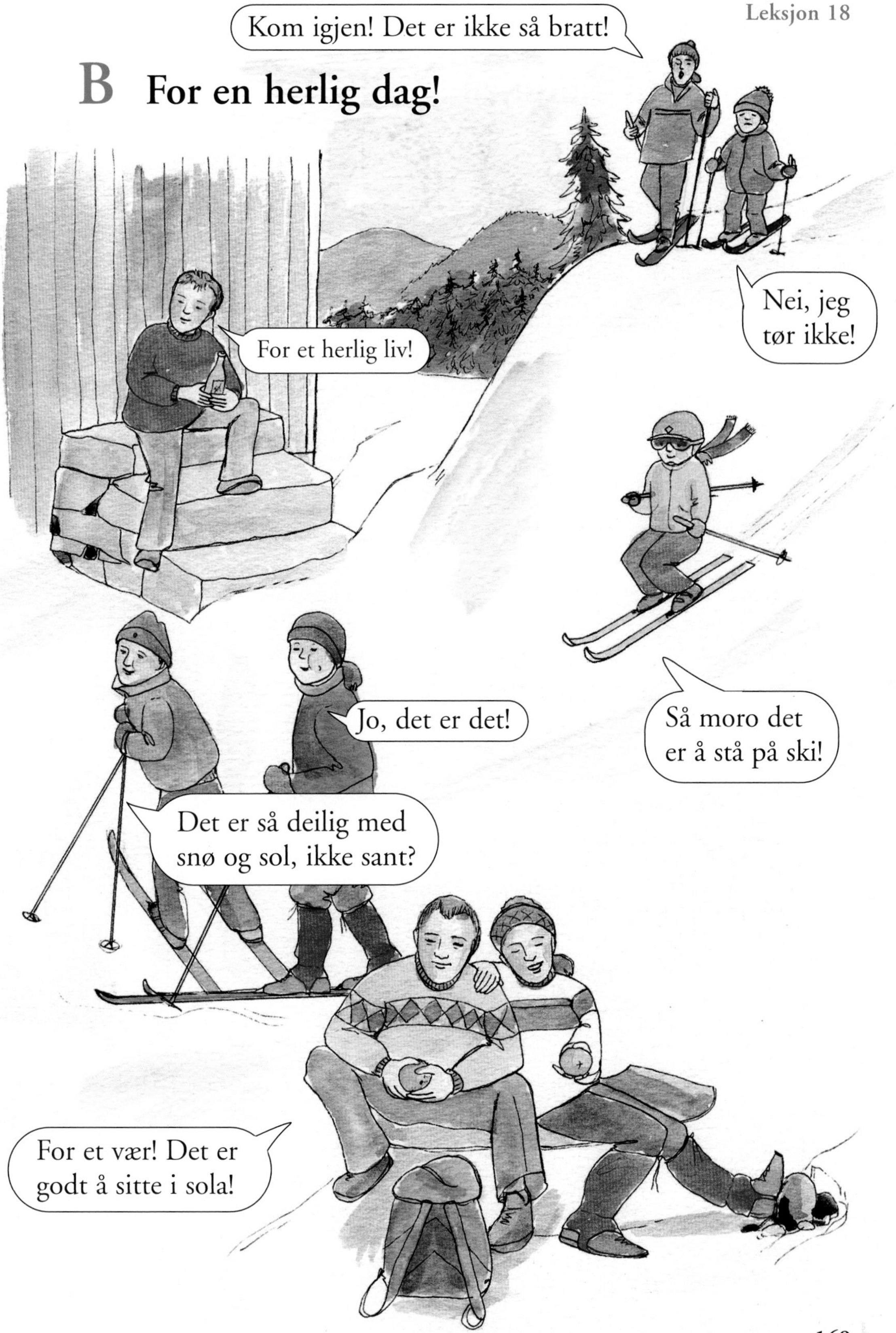

C En tur til Nordfjell

1

Tor våknet tidlig. Det var lørdag,
og det var fint vær. Han spurte Liv
om hun hadde lyst til å dra på skitur.

2

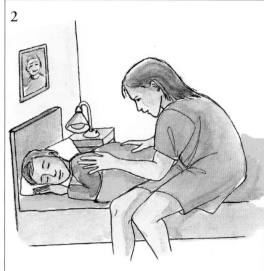

Liv syntes at det var en god idé.
Hun vekket Per og Kari og sa at de
skulle dra til Nordfjell for å gå på ski.

3

Liv smurte matpakker og laget kakao.
Hun pakket også appelsiner og et par
sjokolader.

4

De pakket ski og staver på bilen.
Så måtte de skrape, for det var is på
vinduene. Tor startet bilen og kjørte.
Veien var glatt og isete.

5

Det var ikke så lett å finne parkerings-
plass. Det var mange folk på fjellet
i dag.

6

Først måtte de smøre skiene.
Kari ventet utålmodig.

7

De begynte å gå. Det var godt
å komme i bevegelse. Sola skinte,
men det var kaldt.

8

De gikk til Vasshytta. Der fant de
en lun plass. Tor syntes at det var fint
å sitte i sola og slappe av.

9

Per og Kari fant noen bakker i nærheten. De gikk opp og rente ned i bakkene. Igjen og igjen. «Se på meg!» ropte Kari hver gang hun klarte å stå helt ned.

10

Men snart kom Per og ville ha mat. Alle var sultne, så de spiste brødskiver og drakk kakao. Etterpå fikk de appelsiner og sjokolade.

11

Etter maten begynte de på turen tilbake til bilen. De møtte mange folk på veien. Alle var blide, og de hilste og smilte.

12

Alle var trøtte og solbrente i fjeset. Tor hadde vondt på nesa. «Den er rød som en tomat,» sa Per. «Ja, jeg glemte å bruke solkrem,» svarte Tor.

Grammatikk

Leddsetninger – at, om (indirekte tale)

> Har du lyst til å gå på ski?

> Ja, det er en god idé!

> Kan vi renne i bakkene?

> Ja, det er greit.

> Kan vi spise snart?

> Ja, det kan vi godt.

spør om – sier at – synes at – svarer at

	+	1	2	
Tor spør	om	Liv	har	lyst til å gå på ski.
Liv synes	at	det	er	en god idé.
Per spør	om	de	kan	renne i bakkene.
Tor svarer	at	det	er	greit.
Kari spør	om	de	kan	spise snart.
Liv sier	at	det	kan	de godt.

Ord og uttrykk

Hva er det motsatte?

god	–	dårlig	fin	–	stygg
deilig	–	dårlig	glad	–	sur
varm	–	kald	glad	–	trist
kjempevarm	–	kjempekald	tålmodig	–	utålmodig
gøy	–	kjedelig	våken	–	trøtt
morsom	–	kjedelig	grei	–	dum
hyggelig	–	kjedelig	tykk	–	tynn
nydelig	–	stygg	tidlig	–	sein

Positivt	Negativt
– For en nydelig dag!	– For en kjedelig dag!
– For en rød tomat!	– For ei rød nese!
– For ei glad jente!	– For ei sur jente!
– For et deilig liv!	– For et kjedelig liv!
– For noen greie barn!	– For noen sure unger!
– For en dag!	– For en dag!
– For et vær!	– For et vær!

	Ja	Nei
Skal vi dra på skitur?	Ja, gjerne.	Nei, jeg har ikke tid.
Har du lyst til å dra på skitur?	Ja, det var en god idé!	Nei, ikke i dag.
Vil du bli med på skitur?	Ja, det vil jeg gjerne.	Nei, jeg er trøtt.
		Nei, jeg har ikke lyst.
Kan vi ikke dra på skitur?	Jo, gjerne.	

Samfunnsfag

Samene – Norges urbefolkning

Samene bor i Nord-Norge, Nord-Sverige, Nord-Finland og på Kola-
halvøya i Russland. De har status som urbefolkning i Norge.
Samisk, som er samenes språk, er helt forskjellig fra norsk.
Samene har sin egen dag, Samefolkets dag, 6. februar.
De har også eget flagg.

Før levde samene i Norge bare av reindrift. De hadde store flokker med
reinsdyr. I dag er det ikke så mange samer som lever av reindrift.
Oslo kommune er faktisk den kommunen i Norge med flest samiske
innbyggere! Men det er likevel Finnmark og Troms som er samenes
hovedområde i Norge.

I dag får alle samiske barn undervisning på samisk i barneskolen,
men for omkring 50 år siden måtte alle samiske barn lære norsk.
De måtte bo på internatskoler og fikk bare reise hjem i helgene.
Den karakteristiske samiske sangen, joik, var forbudt. Dette har
forandret seg. Nå har alle samer rett til å vise sin etniske tilhørighet
gjennom klesdrakt, språk og sang.

Samene i Norge har eget parlament, Sametinget. Det er valg til
Sametinget hvert fjerde år. Sametinget bestemmer i saker som gjelder
samene og deres rettigheter til beitemark for reinsdyrene.

Kappkjøring med reinsdyr

Fra Sametinget

Det samiske flagget

175

19

Hvor finner du disse skiltene?

Unnskyld, kan du si meg hvor toalettet er?

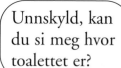

Unnskyld, kan du si meg veien til Oslo?

B Gratulerer med ny bil!

Hva betyr skiltene?

 Gå over gata her!
Kjør forsiktig!

 Ikke sving til venstre!

 Sving til høyre her!

 Pass på!
Veien kan være glatt!

 Kjør rett fram!

 Pass på! Fare for ras,
ikke stopp unødvendig!

 Stopp her!

 Parkering forbudt!

 Du kan parkere her!

 Ikke kjør over
50 km i timen!

 Ikke kjør forbi!

 Rødt lys: Stopp!
Gult lys: Vent!
Grønt lys: Kjør!

Gratulerer med ny bil!

For en flott bil!
Den ser ny ut!

Så fin bil du har fått deg!

177

C Carlos kjøper ny bil

– I mange uker har jeg sett på bruktbiler. Jeg har sammenliknet forskjellige merker, og jeg har prøvekjørt omtrent 15 biler. Hjemme har vi snakket om biler hver dag. Kona mi vil gjerne ha en bil som er stor og komfortabel. Jeg har sagt at store biler bruker mye bensin, og det har vi ikke råd til.

I går kjøpte vi endelig en Toyota. Den er ikke ny – det har vi ikke råd til. Den kostet 120 000 kroner, og vi kjøpte den på avbetaling. Jeg pleier ellers alltid å kjøpe kontant. Bilen er fire år gammel, men den er i god stand og ser nesten ny ut. Den har kjørt 50 000 kilometer, og det er ikke så mye på fire år.

Om ettermiddagen dro jeg til Hassan for å vise ham bilen. Han syntes at den var fin, men han liker best Volkswagen. Han sier at japanske biler ikke passer i Norge. De ruster for fort, mener han. Jeg tror ikke det. Vi snakket også om hvor mange hestekrefter motoren har, og hvor mye bensin den bruker på mila. Så spurte Hassan om vi kunne ta en tur i bilen. Han ville gjerne kjøre.
– Jeg kan vel få kjøre litt. Du kjører jo nesten hver dag, sa han.

Jeg liker å kjøre selv, men jeg svarte likevel:
– Selvfølgelig får du kjøre.

Jeg var litt engstelig. Jeg håpet at Hassan ikke ville kjøre for fort eller uforsiktig.

D Ikke kjør så fort!

Det er lørdag ettermiddag, og Carlos og Hassan er ute og kjører i den nye bilen til Carlos.

Carlos: Ikke kjør så fort, Hassan! Det er jo bare 60 kilometer her.

Hassan: Men det er ingen trafikk her ute på landet. Er du redd?

Carlos: Nei, men jeg synes du skal kjøre forsiktig. Veien er fryktelig smal.
          – Se der! To gutter med en ball.

Hassan: Ja, jeg ser dem. Jeg kjører bare i 50.
          – Sett på radioen, er du snill!

Carlos: Hør så stilig musikk.
          – Se hvordan du kjører! Du kjører altfor fort!

Hassan: Ikke mas sånn! Jeg kjører forsiktig.

Carlos: Nei, jeg synes ikke at du gjør det. Har du ikke kjørt i Norge før? Det er ikke lov å kjøre så fort!

Hassan: Men jeg må jo teste bilen din litt. Vi må se hva den kan.

Carlos: Nei, det er ikke nødvendig. Og forresten, tenk om det er fartskontroll?

Hassan: Det er vel ikke fartskontroll her, langt ute på landet!

E Fartskontroll

Carlos:	Hassan, nå kjører du for fort. Bilen er helt ny, og jeg har ikke lyst til å ødelegge den den første dagen! – Se der!
Hassan:	Hva var det?
Carlos:	Jeg tror at det var en radar.
Hassan:	Å nei, tror du jeg ble tatt?
Carlos:	Sannsynligvis. Der står politiet! De vinker på oss.

En politikonstabel vinker dem inn. Han kommer bort til bilen. Hassan ruller ned vinduet.

Konstabelen:	God dag.
Hassan:	God dag.
Konstabelen:	Du har det visst travelt i dag! Kan jeg få se førerkortet?
Hassan:	Dessverre, jeg har glemt det hjemme.
Konstabelen:	Det var verre. Er dette din bil?
Hassan:	Nei, det er bilen til kameraten min.
Konstabelen:	Er det riktig?
Carlos:	Ja, det er det.
Konstabelen:	Vel, da må jeg få se vognkortet. Og så må jeg ha navnet ditt.
Hassan:	Det er Hassan Darani.
Konstabelen:	Vel, Hassan Darani, da får du en fartsbot på 1500 kroner. Du får også en bot på 500 kroner for å kjøre uten å ha førerkortet med deg.
Hassan:	Så mye?
Konstabelen:	Ja, sånn er det. Vedtar du bøtene?
Hassan:	Ja, jeg må vel det …

Grammatikk

Verb – imperativ

Infinitiv	Imperativ
å sette på radioen	Sett på radioen!
å kjøre	Kjør!
å vente	Vent!
å stoppe	Stopp!
å se	Se!

Leddsetninger – som

Jeg har en venn.   **Vennen** heter Jon.
Jeg har en venn   **som** heter Jon.

 Jon har ei kone.   **Kona** heter Eva.
Jon har ei kone   **som** heter Eva.

 Eva har et barn.   **Barnet** heter Ola.
Eva har et barn   **som** heter Ola.

 Ola har en lærer.   **Læreren** heter Lise.
Ola har en lærer   **som** heter Lise.

 Lise leter etter ei bok.   **Boka** heter *Ny i Norge*.
Lise leter etter ei bok   **som** heter *Ny i Norge*.

 Boka ligger under et brev.   **Brevet** er til Tor.
Boka ligger under et brev   **som** er til Tor.

– Carlos har kjøpt en bil **som** er rød.
– Carlos' kone vil gjerne ha en bil **som** er stor og komfortabel.
– Carlos ser to gutter **som** leker med en ball.
– Carlos har en venn **som** liker å kjøre fort.

Ord og uttrykk

– Sett på radioen!

– Kan du sette på radioen?

– Kan du ikke sette på radioen?

– Vær så snill og sett på radioen!

– Sett på radioen, er du snill!

– Ikke sett på radioen!

– Ikke sett på radioen, er du snill!

Ikke mas!

Peter, vær så snill og hent tøflene mine.

Eva, hent tøflene til bestemor, er du snill!

Du skal hente tøflene til bestemor, Ola!

	+	-
Jeg synes at	Jeg synes at det er en fin bil. Jeg synes at du skal kjøpe den. Jeg synes at Toyota er like bra som Volkswagen.	- Jeg synes ikke at du skal kjøpe den. Jeg synes ikke at Toyota er like bra som Volkswagen.
Jeg tror at	Jeg tror at du kommer til å bli fornøyd. Jeg tror ikke at du kommer til å angre. Jeg tror ikke at den kommer til å ruste. Jeg tror at det er en god bil. Jeg tror at du får mye for pengene.	Jeg tror at du blir lurt. Jeg tror at du kommer til å angre. Jeg tror at den kommer til å ruste. Jeg tror at det er en dårlig bil.
Jeg er sikker på at	Jeg er sikker på at du blir fornøyd. Jeg er sikker på at det er en god bil. Jeg er sikker på at du får mye for pengene.	Jeg er sikker på at du blir lurt. Jeg er sikker på at det er en elendig bil.

Jo = som du vet
Du kjører **jo** nesten hver dag.
Det er **jo** bare 60 kilometer her.
Jeg må **jo** teste bilen din.

Samfunnsfag

Bilen

Hva heter det?

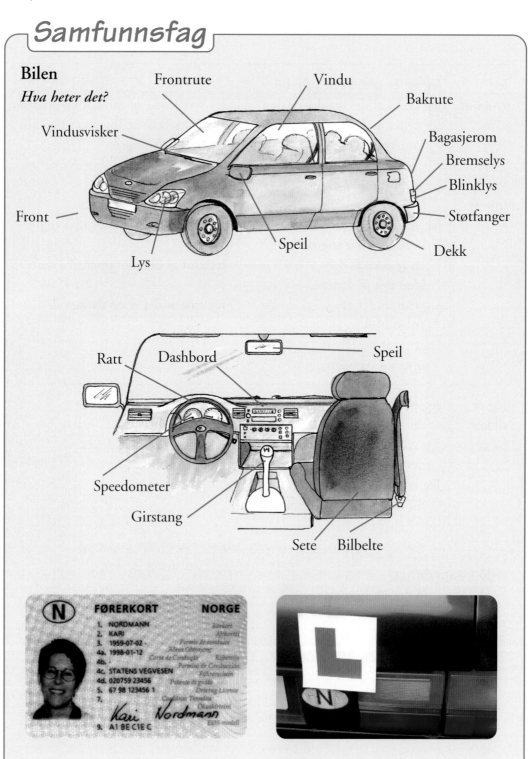

Frontrute

Vindu

Bakrute

Vindusvisker

Bagasjerom

Bremselys

Blinklys

Støtfanger

Front

Dekk

Speil

Lys

Ratt

Dashbord

Speil

Speedometer

Girstang

Sete   Bilbelte

«*Kjært barn har mange navn*»

Sertifikat =
Førerkort =
Lappen

Det er påbudt å kjøre med bilbelte i Norge.

Det er påbudt å kjøre med nærlys om dagen i Norge.

Det er bedre å komme fram fem minutter for seint enn ikke å komme fram i det hele tatt.

Trafikkregler

Hvert år skjer det mange ulykker i trafikken, og mange mennesker dør eller blir skadet. Derfor har myndighetene forsøkt å lage lover og regler som skal forhindre ulykker. Spesielt to trafikkregler er viktige:

Å være edru, frisk og våken: Det er forbudt å kjøre i påvirket tilstand. Man skal ikke drikke alkohol eller ta sterke medisiner før man kjører bil. Det er også viktig å ikke være for trøtt.

Å passe farten: Fartsgrensene er vanligvis 50 km/t i byer og tettbygde strøk og 80 km/t utenfor byer og tettbygde strøk. Noen steder kan man kjøre fortere. Det er ofte fartskontroller, og hvis man kjører for fort, kan man få bot eller miste førerkortet. Men uansett fartsgrense: Man skal alltid kjøre etter forholdene!

Hva er en «god trafikant»?
Hvilke hovedregler gjelder for bilførere i hjemlandet ditt?

20

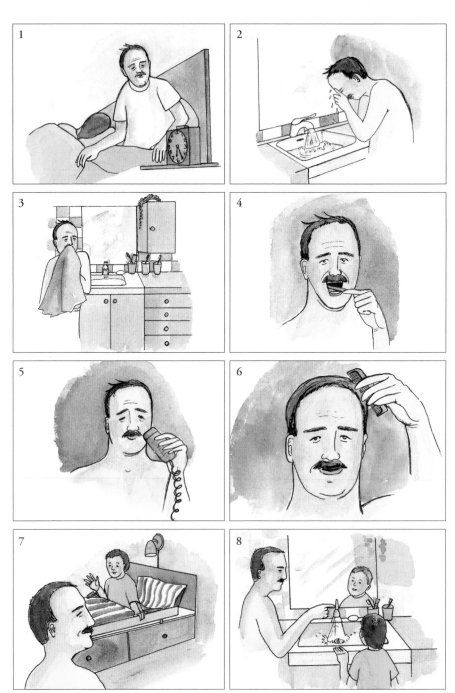

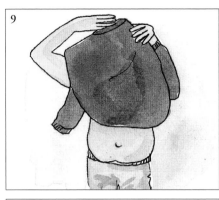

B Vekkerklokka ringte ikke

Carlos er gift med Maria. Maria er lege. Hun arbeider på et sykehjem.
Carlos og Maria har en sønn. Han heter Sandro og er fem år.

I dag våkner Carlos brått og ser på vekkerklokka. Fem på halv sju!
Noe er galt. Klokka ringte ikke kvart over seks som den pleier.
Han skjønner at han glemte å stille den i går kveld. Han ser på Maria.
Hun sover. Han står opp uten å vekke henne. Han vet at hun liker
å sove lenge om morgenen. Carlos går stille ut på badet. Han vasker
seg, pusser tennene, barberer seg og grer håret. Sandro roper fra
barneværelset:

– Mamma, jeg er våken!

Carlos skynder seg inn til ham:
– Hysj! Vær stille! Mamma sover. Kom, så skal jeg hjelpe deg.
  Jeg tapper i vann, så kan du vaske deg selv. Jeg må kle på meg og lage
  frokost. Vi vekker mamma når jeg er ferdig.
– Jeg kan ikke vaske meg selv. Mamma pleier jo alltid å hjelpe meg.
– Jeg synes at du skal lære å vaske deg selv. Ellers må du vente. Jeg har
  ikke tid til å hjelpe deg nå.

C Sandro vasker seg selv

Carlos kler seg stille uten å vekke Maria. Etterpå går han ut på
kjøkkenet og lager frokost. Han koker egg og kaffe og lager en
matpakke til Maria. Så setter han seg ved bordet og drikker en kopp
kaffe. Sandro kommer inn på kjøkkenet. Han har vasket seg – det er
lett å se, for han er veldig våt. Carlos tar et håndkle og tørker ham.
Etterpå gir han gutten et glass melk og ei brødskive. Nå er klokka halv
åtte, og det er på tide å vekke Maria. Hun begynner på arbeid klokka
halv ni. Han legger matpakken og et eple ned i veska hennes. Så går
han inn på soverommet og vekker Maria. Hun ser forbauset ut og sier:
– Men Carlos, det er jo søndag i dag!

Grammatikk

Pronomen: Refleksiv form

Han vasker **seg**. Han vasker **ham**. Han ser **seg** i speilet. Han ser **henne** i speilet.

Subjekt		Refleksiv form	Subjekt		Objekt
Jeg	vasker	**meg**.	Han	vasker	**meg**.
Du	vasker	**deg**.	Han	vasker	**deg**.
Han	vasker	**seg**.	Han	vasker	**han/ham**.
Hun	vasker	**seg**.	Han	vasker	**henne**.
Vi	vasker	**oss**.	Han	vasker	**oss**.
Dere	vasker	**dere**.	Han	vasker	**dere**.
De	vasker	**seg**.	Han	vasker	**dem**.

Pronomen: Resiprok form

De vasker **hverandre**.   De elsker **hverandre**.

Ord og uttrykk

– Vær stille!
– Du må være stille!
– Ikke snakk så høyt!
– Vask deg selv!
– Du må vaske deg selv!
– Jeg synes at du skal vaske deg selv!

Samfunnsfag

Barn og helse

Barn i Norge har rett til gratis helsekontroller. De to første årene blir barna og foreldrene ofte innkalt til helsekontroll. Kontrollen skjer på en helsestasjon i nærheten av hjemmet. Det er vanlig at en familie får en fast helsesøster. I løpet av disse årene får barna tilbud om forskjellige vaksiner. Helsesøster undersøker også om barnets utvikling er normal: vekst og vekt, reaksjonsevne, syn og hørsel. Av og til er det også en lege til stede på kontrollen.

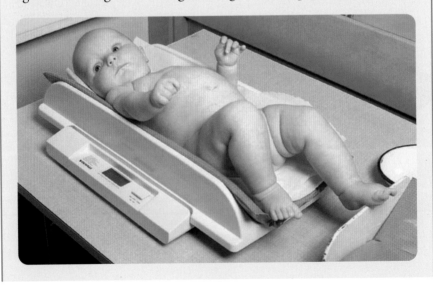

Barn går gratis til lege til de fyller 7 år. Det er også gratis å gå til lege under graviditet.

Når barna fyller tre år, får de innkalling til tannlege. Alle går gratis til tannlege til og med det året de fyller 18 år. Ungdom som er 19 og 20 år, må betale litt selv, avhengig av hvor i landet de bor. Tannlegen informerer foreldrene om hvordan de kan passe på barnas tenner.

Nesten alle skoler har en helsesøster og en skoletannlege som undersøker barna en gang i året. Elevene kan snakke med helsesøster om ting som de er opptatt av. Helsesøster – og alle leger – har taushetsplikt.

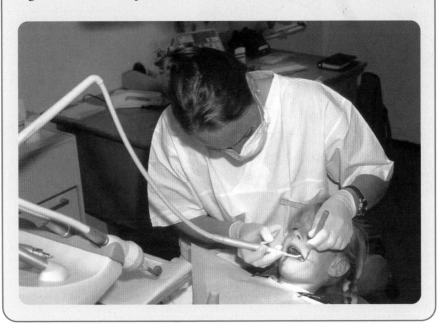

21 A Hvor har du vondt?

Har du vondt?

Du ser dårlig ut!

Hvor har du vondt?

Har du vondt i ryggen?

Du ser ikke frisk ut!

Jeg har fryktelig hodepine.

Jeg tror jeg holder på å bli syk.

Jeg føler meg ikke frisk.

Jeg har feber.

Jeg har kastet opp.

Jeg hoster og har vondt i halsen.

Du må gå til tannlegen!

Du må gå til legen!

Vil du ha en smertestillende tablett?

God bedring!

Kan jeg hjelpe deg?

B Indira får vondt i ryggen

Det er mandag, og klokka er halv ni om morgenen. Indira har praksis
på sykehjemmet. Hun holder på å hjelpe fru Jensen opp av senga.
Fru Jensen lener seg over Indira. Da skjer det. Fru Jensen holder på å
falle i gulvet, og Indira bøyer seg for å holde henne. Idet hun bøyer seg,
sier det «klikk» i ryggen. Fru Jensen faller ikke, men det gjør Indira.
Hun går ned på kne. Det er umulig å reise seg. Fru Jensen ringer etter
hjelp, og en av sykepleierne, Nina, kommer. Hun ser Indira på alle fire
på gulvet og fru Jensen som sitter på sengekanten. Nina begynner å le.
Hun ler og ler. Indira må le hun også. Men det gjør vondt å le.
Det gjør så vondt at tårene spretter. Nina blir alvorlig. Hun hjelper
Indira opp.

– Nei, Indira, dette går ikke. Jeg synes at du skal gå hjem.
– Hvis jeg klarer å gå, da.
– Jeg kan ringe til faren din. Kanskje han kan hente deg?
– Nei, faren min er ikke hjemme akkurat nå.
– Det var leit. Han er jo fysioterapeut …
– Ja, jeg må nok bestille time hos
  legen.
– Har du fastlege?
– Ja, vi har en fastlege.
  Hele familien går til
  henne.
– Det er bra. Vil du
  bruke telefonen på
  kontoret?
– Gjerne. Tusen takk.
– Jeg skal hjelpe deg inn
  dit.

Nina støtter Indira inn på
kontoret. Det er nesten
umulig å gå. Beina svikter,
og det gjør fryktelig vondt.

C Indira bestiller time

Indira finner nummeret til legen og ringer.

– Nordby legesenter, vær så god.

– God dag. Mitt navn er Indira Krishnan. Jeg har fått et kraftig kink
   i ryggen. Kan jeg få time i dag? Helst så snart som mulig.

– Har du vært her før?

– Ja, doktor Tveiten er fastlege for familien min.

– Når er du født?

– 5. august 1982.

– Et øyeblikk. Og navnet ditt var?

– Indira Krishnan.

– Ja, der har vi deg. Skal vi se – det er egentlig fullt i dag. Jeg skal
   spørre doktor Tveiten om hun har tid likevel. Et øyeblikk. Kan du
   komme klokka kvart på tolv?

– Ja, selvsagt.

– Det kan bli litt ventetid.

– Det gjør ikke noe.

– Fint, da kommer du klokka kvart på tolv.

– Ja, takk for hjelpen. Ha det!

– Ha det!

D Hos legen

Nordby legesenter ligger i andre etasje. Heldigvis har de heis. Indira tar
heisen opp og går inn. Det er vanskelig å gå, for det gjør så vondt.
Indira klarer nesten ikke å sette seg i en av stolene på venteværelset.
De andre pasientene ser på henne. En gammel dame sier: «Stakkars
deg!» Indira prøver å smile. Til slutt kommer doktor Tveiten ut.
Nå er det Indiras tur.

– Hei!

– Hei! Hva er det du har gjort! Det der ser ikke godt ut!

– Nei, det er ikke det. Jeg har aldri hatt kink i ryggen før, og det gjør
   veldig vondt.

– Ja, det vil jeg tro. Kan du legge deg på benken?

Indira legger seg på benken. Doktor Tveiten undersøker henne.

– Gjør det vondt nedover i foten, eller er det bare i ryggen?
– Nei, det er bare i ryggen.
– Det er nok ikke isjias, men et helt vanlig hekseskudd. Og hekseskudd
  går over etter noen dager, men det er veldig, veldig vondt. Trenger du
  sykemelding?
– Ja, for jeg har praksisplass på et sykehjem. Jeg tror ikke at jeg klarer
  å gå på jobb på denne måten. Og ikke på skolen heller.
– Nei, det gjør du nok ikke. Men det er viktig at du beveger deg.
  Du må gå mye og prøve å **ikke** tenke på at du har vondt.

Indira smiler. Det blir ikke lett!

Doktor Tveiten skriver en sykemelding til Indira. Hun får også en
resept på smertestillende tabletter. Til slutt ønsker doktor Tveiten
henne god bedring.

Grammatikk

Stedsadverb

Hvor går han?   **Hvor er han?**

Han går **inn**.	Han er **inne**.
Han går **ut**.	Han er **ute**.
Han går **opp**.	Han er **oppe**.
Han går **ned**.	Han er **nede**.

inn	inne		hit	her
ut	ute		dit	der
opp	oppe		hjem	hjemme
ned	nede		bort	borte

Han kommer **tilbake**.   Han er **tilbake**.
Kom **tilbake**!
Gå **vekk**!   Han er **vekk**.

Ord og uttrykk

Spørsmål	Svar
Har du vondt?	Jeg har fryktelig tannpine!
Hvor har du vondt?	Jeg har så vondt i ryggen!
Har du vondt i magen?	
Gjør det vondt?	Jeg har veldig hodepine!
Du ser dårlig ut!	Jeg tror jeg brygger på noe.
Du ser ikke frisk ut!	Jeg tror jeg holder på å bli syk.
Er du syk?	Jeg hoster og har vondt i halsen.
Er du forkjølet?	Jeg har kastet opp.
Har du feber?	Jeg har feber.
Hoster du?	

- Kan jeg hjelpe deg?   - Håper det ikke er smittsomt!
- Så synd at du er dårlig!   - Håper du blir frisk snart!
- Stakkars deg!

Hvor har du vondt?	Hvorfor har du vondt?	Hva kan du gjøre?
i ei tann	• hull i tanna • mistet en fylling	• gå til tannlegen • ta en smerte-stillende tablett
i halsen	• forkjølet • røykt for mye	• ta hostesaft • slutte å røyke
i hodet	• lest lenge med dårlig lys	• bruke bedre lys

Hvor har du vondt?	Hvorfor har du vondt?	Hva kan du gjøre?
i øynene	• sett på TV i mange timer • mistet brillene	• slå av TV-en • bruke briller • sove en stund • slappe av
i magen	• spist for mye • spist dårlig mat • spist for fort • nervøs og bekymret	• ta en smerte-stillende tablett • sove en stund • snakke med noen • gå til lege

smertestillende tabletter

salve

hostesaft

vitaminer

saks

termometer

plaster

resept

Hos tannlegen

Tyskeren sier: Gjør det sterkt. Skotten sier: Gjør det billig.

Franskmannen sier: Gjør det pent. Nordmannen sier: Gjør det vondt?

Amerikaneren sier: Gjør det fort.

Samfunnsfag

Helse i Norge

I Norge har alle rett til hjelp hvis de er syke. Når du går til lege, må du betale en **egenandel**. Det er myndighetene som bestemmer hvor stor egenandelen skal være.

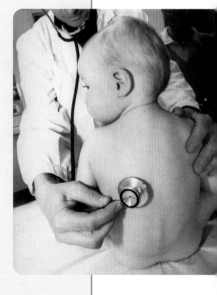

1. juli 2001 innførte myndighetene **fastlegeordningen**. Det betyr at alle skal ha en fast lege som de går til hver gang de er syke.

Alle som blir akutt og alvorlig syke, kan ringe etter ambulanse på telefonnummer 113. Det er **gratis**. Det er også gratis å ligge på sykehus i Norge. Dessverre er det ikke alltid god plass på sykehusene, og noen steder må pasientene ligge på gangen.

Hvis man skader seg i helgene eller ikke kan gå til fastlegen, kan man gå på **Legevakten**. Der tar de imot personer med **akutt skade**, for eksempel beinbrudd eller ulike sårskader. Det kan ofte være lang ventetid på Legevakten.

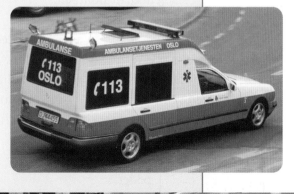

Det er ikke så billig å gå til **tannlege** i Norge. Hos tannlegen må alle over 20 år betale **full pris**, og det kan være veldig dyrt. Mange vil at vi skal ha en ordning med egenandel hos tannlege også, for det er viktig å holde tennene i orden.

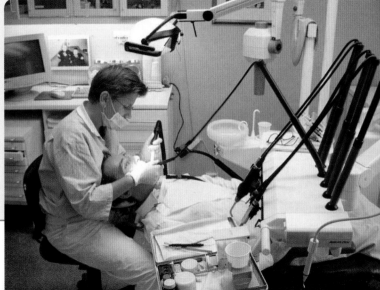

22 A Noen venter på brev fra deg

Kjære	Eva!	Takk for	brevet ditt.	Nå er jeg	i Nord-Norge	på ferie.
Hei,	venn!		kortet ditt.		i Bergen	
	mor!		e-posten din.		i Sverige	
	bestefar!					

Jeg kom hit	med tog.	Reisen var	morsom.
	med bil.		hyggelig.
	med båt.		spennende.
	med fly.		kjedelig.

På reisen traff jeg	ei kjekk jente.	Vi snakket om	været.
	en grei gutt.		livet.
	en venn fra hjemlandet mitt.		kjærlighet.
	en kjent politiker.		politikk.

Jeg bor	på hotell.	Været er	nydelig.
	i telt.		fint.
	i ei hytte.		dårlig.
	hos en venn.		varmt.
	hos ei venninne.		kaldt.

I går var jeg ute og	kjøpte klær.	Jeg har det	fint.
	badet.		ikke bra.
	danset.		OK.
	spiste god mat.		ikke så verst.

Jeg reiser hjem	på mandag.	Vennlig hilsen
	når jeg har brukt opp pengene mine.	Hilsen
	når norskkurset begynner.	Ha det bra.
	når du vil at jeg skal komme.	Klem fra
	når du kommer og henter meg.	Kyss fra

B Kjære mor og far!

Nordby, ... november, 20 ...

Kjære mor og far!
Her kommer en hilsen fra Norge. Først vil jeg takke for at dere er så
flinke til å ringe til oss. Det er vi veldig glade for, for vi vet at det er
dyrt! Vi trives her i Norge, men vi savner dere jo.

Tom trives også. Han går i barnehage og har fått mange venner.
Han vokser og er blid og glad. I barnehagen er de forresten veldig
flinke til å hjelpe ham med språket, så han snakker ganske godt norsk
allerede. Da jeg skrev sist, fortalte jeg at det var vanskelig å forstå
nyhetene på TV. Nå går det bra. Anne hjelper meg, og jeg forstår
nesten alt når folk snakker norsk.

I går spilte bandet vårt i en sekstiårsdag. Mora til en av de andre
i bandet fylte år. Det var litt av en fest, kan dere tro! Vi fikk være
til stede på middagen, og jeg skal si det var stil over det. Mye mer
formelt enn hjemme hos oss i USA! Det var bordplassering, og jeg

kjente ingen av dem jeg satt ved siden av. Men den ene var bonde, og vi snakket om norsk jordbruk og om USA. Den andre var litt sjenert. Han sa ikke så mye. Han svarte bare ja eller nei når jeg spurte om noe. Men det er klart det kan være litt vanskelig å vite hva en skal snakke med fremmede mennesker om …

Maten var imidlertid god: Laks og jordbær med fløte. Det var mange taler ved bordet. Først hilste hovedpersonens mann alle velkommen. Deretter var det lange taler. Maten ble kald mens de snakket.

På festen spiste jeg med kniv og gaffel på den måten som de gjør her i Europa. Jeg er ofte usikker på hva jeg skal gjøre når amerikanske og norske tradisjoner er forskjellige. Som oftest har jeg Anne i nærheten til å hjelpe meg, men …

Siden dette er den første julen vår i Norge, tenkte vi å invitere dere hit. Vi er jo ikke så mange. Annes foreldre og broren hennes med familie kommer også. Med dere blir vi ti personer, to små og åtte store.

Vi håper dere kan komme, og ser fram til å være samlet alle sammen.

Kjærlige hilsener fra

John

Grammatikk

Når – da

En gang, fortid	Jeg ble glad **da** dere ringte. **Da** jeg skrev sist, fortalte jeg at det var vanskelig å forstå nyhetene.
Framtid	**Når** dere kommer hit, får vi det hyggelig.
Generelt	Jeg blir glad **når** dere ringer. Jeg forstår nesten alt **når** folk snakker norsk. **Når** norske og amerikanske tradisjoner er forskjellige, blir jeg usikker.

Den gang – da
Hver gang – når

Tid

1	2	
Da	ble	jeg glad.
I går	ble	jeg glad.
For ei uke siden	ble	jeg glad.
Da dere ringte,	ble	jeg glad.

1	2	
Jeg	skriver	**snart.**
Jeg	skriver	**i ettermiddag.**
Jeg	skriver	**om ei uke.**
Jeg	skriver	**når jeg får tid.**

Ord og uttrykk

glad
i godt humør

fornøyd
blid

trist
lei seg

sur
i dårlig humør
sint

Ishavskatedralen i Tromsø

HEI, TOR!
HER KOMMER EN HILSEN
FRA TROMSØ.
HER ER DET SOL BÅDE
DAG OG NATT.
JEG HAR IKKE TID
TIL Å SOVE.
EN SUPER FERIE!

HILSEN FRA
HASSAN

TOR PEDERSEN
STORGATA 2
2700 NORDBY

Kjære Tor!
Nå er jeg i Bergen og
besøker ei venninne.
Du har sagt at det
alltid regner i Bergen,
men i dag skinner
sola!
Hilsen Indira

Bryggen i Bergen

Samfunnsfag

Hva er høflig, og hva er uhøflig?

Mennesker har ulike vaner i ulike deler av verden. Det som er «rett» eller «høflig» i ett land, kan være «feil» eller «uhøflig» i et annet land.

Hva ville du ha gjort i disse situasjonene?

Diskuter med de andre i klassen:

1) En nordmann går på en buss. Det sitter allerede noen personer på bussen, men nordmannen setter seg ikke ved siden av noen av dem. Han setter seg ved vinduet og stirrer ut. Når alle vindussetene er opptatt, begynner folk å sette seg ved siden av de passasjerene som sitter der fra før. Men – ingen snakker med hverandre.

   – Hvor setter du deg når du tar bussen? Snakker du med noen du ikke kjenner?

2) Du har en norsk venn som fyller år. Du gir henne en presang. Hun åpner den straks og takker deg. Hun sier også at presangen er fin.

   – Hvordan er det i hjemlandet ditt? Synes du at det er i orden at man åpner presangene mens den som har gitt presangen ser på?

3) Et norsk par er invitert på middag hos noen venner. De prater og har det hyggelig. Plutselig er klokka ett. Verten begynner å gjespe litt forsiktig. Kanskje han sier: «Nei, hva sier dere? Det er vel en dag i morgen også?» Paret forstår at han mener at det er på tide de går hjem.

– Hvordan er det i hjemlandet ditt? Hvor lenge kan man være på besøk – eller på fest – før det er på tide å gå hjem? Og: Er det viktig å komme presis når man er bedt på middag – eller på fest?

4) Når nordmenn er ferdige med å spise, sier de: «Takk for maten!» Når noen har fått hjelp, sier de: «Takk for hjelpen!» Når noen har vært på besøk et sted, sier de: «Takk for oss/meg!» Når arbeids-dagen er slutt, sier mange: «Takk for i dag!» På gravsteinen til en nordmann står det ofte: «Takk for alt!»

– Det er vanlig – og høflig – å takke for maten i Norge. Er det vanlig i hjemlandet ditt? Hva sier man i de andre situasjonene?

23

A Et fotoalbum

Har du lyst til å se fotoalbumet mitt?

Hvor tok du det bildet?

Når tok du dette bildet?

Hvem er Ester?

Hvem er det?

Mamma og pappa danser

Kari i barnehagen

Jeg leser lekser (pappas yndlingsbilde)

Pappa etter middagen

Ester ♥♡

B Tors familie

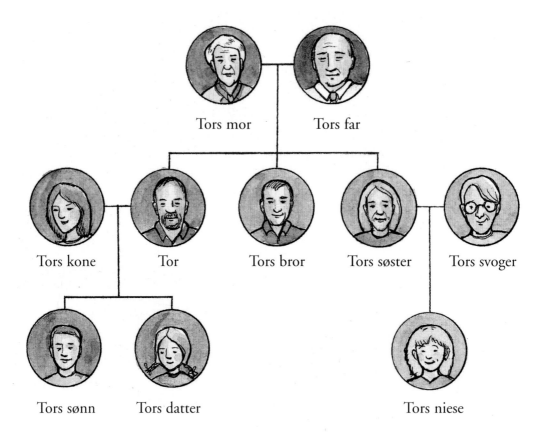

Tors mor Tors far

Tors kone Tor Tors bror Tors søster Tors svoger

Tors sønn Tors datter Tors niese

Hvem er hvem?

Kona til Tor heter Liv.
Svigerfaren til Liv heter Erik.
Eriks **datter** heter Hege.
Mannen til Hege heter Martin.
Kari er **niesen** til Hege.
Karis **kusine** heter Gro.
Fetteren til Gro heter Per.
Pers **tante** heter Hege.
Svigerinnen til Hege heter Liv.

Svogerne til Liv heter Jon og Martin.
Jon og Martin er Karis **onkler**.
Martins **svigermor** heter Anne.
Barnebarna til Anne heter Per, Kari og Gro.
Bestefaren til Gro heter Erik.
Martins **svigerfar** heter Erik.
Anne har to **sønner**: Tor og Jon.
Broren til Jon heter Tor.
Nevøen til Jon heter Per.

C Fotografiet til Carlos

Dette er et bilde av meg og familien min. Marias mor sitter i lenestolen til venstre. Maria likner på henne, synes jeg. Det er Maria og jeg som sitter i sofaen. Vi ser spente ut, for vi vet at vi snart skal reise til Norge. Men det er litt trist også.

Det er faren til Maria som sitter i stolen til høyre. Han er ikke så høy som jeg, men han er kraftigere. Håret hans er grått nå, og han har begynt å bruke briller. Tidligere var han like mørk som Maria.

Gutten vår er også med. Sandro var nesten tre år da vi tok bildet. Han sitter på fanget til bestefar. Det er niesen vår som sitter ved siden av Maria i sofaen. Hun heter Eva og er datter av broren min. Det var broren min som tok bildet like før vi dro til Norge.

D Fotografiet til Per

Dette er et bilde av mamma, pappa og Kari i hagen.
Mamma og Kari hopper tau. Kari er ikke så flink til å
hoppe, men mamma er flink. Hun sier at hun slanker
seg når hun hopper tau. Jeg tror at det er bedre å
spise litt mindre. Men når jeg sier det, blir hun sur.
Det er pappa som sitter i stolen. Han er tykkere enn
mamma, men han trener aldri, så det er ikke så rart.
Han soler seg og håper at han skal bli brun. Men det
blir han ikke, bare rød som en tomat. Jeg er ikke med
på bildet. Det var nemlig jeg som tok det. Jeg liker
å fotografere. Jeg har flere albumer fulle av bilder.
Noen av bildene er kjempebra, det sier alle
kameratene mine. Til og med pappa sier at jeg tar
bedre bilder enn han. Det beste bildet ligger i
lommeboka. Det er et bilde av Ester. Det viser jeg
ikke til noen. Ester vet ikke at jeg har tatt et bilde
av henne. Hun er søt, den søteste på hele skolen.
Hun har rødt, krøllet hår, og hun rødmer når jeg ser
på henne.

Grammatikk

Adjektivets komparasjon

Blusen er **dyr**. Kjolen er **dyrere** enn blusen. Kåpen er **dyrest**.

glad ←——→ trist   lys ←——→ mørk   tykk ←→ tynn
blid ←——→ sur

høy ←→ kort   stor ←→ liten   gammel ←→ ung

glad	gladere	gladest
trist	tristere	tristest
blid	blidere	blidest
sur	surere	surest
lys	lysere	lysest
mørk	mørkere	mørkest
tykk	tykkere	tykkest

tynn	tynnere	tynnest
høy	høyere	høyest
kort	kortere	kortest
pen	penere	penest
stygg	styggere	styggest
fin	finere	finest
ny	nyere	nyest

billig	billigere	billigst
hyggelig	hyggeligere	hyggeligst
nydelig	nydeligere	nydeligst
kjedelig	kjedeligere	kjedeligst

lang	lengre	lengst
god	bedre	best
stor	større	størst
liten	mindre	minst
gammel	eldre	eldst
ung	yngre	yngst

Utbrytning

Hvem sitter i sofaen?

Maria sitter i midten.   **Det er** *Maria* **som** sitter i midten.

Carlos sitter til venstre.   **Det er** *Carlos* **som** sitter til venstre.

Sandro sitter til høyre.   **Det er** *Sandro* **som** sitter til høyre.

Han er nesten 3 år.   **Det er** *han* **som** er nesten 3 år.

Ord og uttrykk

– Hun likner på …
– Han er ikke så høy som …
– Han er like mørk som …
– Hun ser sur ut.

– Han har grått hår.
– Hun har langt hår.
– Han har briller.
– Han er tykkere enn …

Samfunnsfag

Viktige tidspunkt i en nordmanns liv

6 år: Barna begynner på skolen. Skolen er obligatorisk i 10 år.

213

15 år: Barna blir konfirmert, enten borgerlig
eller i kirken. Konfirmasjon er frivillig.
Mange velger ikke å konfirmere seg.

15 år: Den kriminelle lavalder: Ungdommene
kan holdes strafferettslig ansvarlig for det
de gjør. Det betyr at de kan stilles for
retten og dømmes.

16 år: 10 år på grunnskolen er slutt, og alle må
velge hva de skal gjøre videre:
– Yrkesrettet videregående eller
allmennfaglig studieretning?
Man kan øvelseskjøre sammen med en
voksen, og man kan ta førerkort for
moped eller lett motorsykkel.

16 år: Den seksuelle lavalder: Jenter og gutter
kan ha seksuell omgang, og de kan kjøpe
prevensjon uten foreldrenes samtykke
eller viten. Jenter kan ta abort uten at
foreldrene må vite det.

18 år: Man blir myndig:
– Man har stemmerett.
– Man kan gifte seg uten foreldrenes
  samtykke.
– Man kan ta førerkort for bil.
– Man kan kjøpe øl og sigaretter
  i butikken og vin på Vinmonopolet.

20 år: Man kan kjøpe brennevin
på Vinmonopolet.

67 år: Man får alderspensjon. Hvis man har
arbeidet, får man en tilleggspensjon etter
hvor mye og hvor lenge man har jobbet.

24 A Blir du med …?

Blir du med
- på kino
- i teateret
- på fotballkamp
- på byen
- på biblioteket
- i svømmehallen
- på trening

?

Blir du med og
- spiller fotball
- jogger
- svømmer
- hører på musikk
- spiller golf
- går i butikker
- trener

?

Hvordan var filmen?

Utrolig spennende.
Veldig interessant.
Meget morsom.
Ganske romantisk.
Litt sentimental.
Ikke så alvorlig.
Ikke kjedelig.

Hvordan likte du filmen?

Jeg synes den var **kjempegod**.
Jeg synes den var **svært god**.
Jeg synes den var **god**.
Jeg synes **ikke** den var **så verst**.
Jeg synes den var **middels bra**.
Jeg synes **ikke** den var **så god**.
Jeg synes den var **dårlig**.
Jeg synes den var **veldig dårlig**.

215

B Blir du med på fotballkamp, Liv?

Tor: Liv, blir du med på kamp i kveld?

Liv: Fotballkamp?

Tor: Ja, jentelaget som jeg trener, skal spille kamp i kveld.
Vi skal spille mot et lag fra Vestby.

Liv: Jeg kan dessverre ikke. En kollega kommer innom i kveld.
Vi skal snakke om et møte i fagforeningen.

Tor: Så synd! De er blitt veldig flinke, så jeg tror det blir
en spennende kamp.

Liv: Kan du ikke spørre Per? Han liker jo å gjøre ting sammen med
deg. – Og han vil kanskje være med og se på jentene som spiller.

Tor: Ja, de er jo like gamle som han. Jeg skal spørre ham. Hvis han
har gjort leksene sine, da …

Liv: Han har ingen lekser. Hele skolen skal ha aktivitetsdag i morgen.

Tor: Du, Per, blir du med på kamp i kveld? Jentene som jeg trener,
skal spille mot et lag fra Vestby.

Per: Nei, jeg kan ikke. Jeg skal på korpsøving i kveld.

Tor: Ja, det er sant. Det er onsdag i dag.

Per: Vi skal snart ha konsert.

Tor: Når da?

Per: På søndag om to uker.

Tor: Hvor skal konserten være?

Per: I gymsalen på skolen. Vi holder på å øve til den.

Tor: Da skal jeg spørre en av elevene i klassen min om han vil bli med
og høre på dere. Han spiller i et band.

Per: Hvilket instrument spiller han?

Tor: Han spiller saksofon.

Per: Jøss, stilig! Ja, spør om han vil komme. Men jeg har altså ikke tid
til å bli med på kamp, pappa.

Tor: Det var synd. Jentene er blitt veldig flinke. Det blir nok en
spennende kamp.

Per: Kan du ikke spørre Kari om hun vil være med?

Tor: Tror du det? Hun er jo bare 5 år.

Tor spør Kari om hun vil bli med på fotballkamp:
– Er det før eller etter Barne-TV?
– Det er etter.
– Da vil jeg være med. Da får jeg være lenge oppe, ikke sant?

C Hvem vant?

Kari og Tor drar til fotballbanen klokka halv sju. Laget fra Vestby er
på plass allerede. De holder på å varme opp. Tor venter på laget sitt.
Til slutt er alle der. De begynner å jogge fram og tilbake. Kampen
starter klokka sju. Etter 10 minutter er Kari lei av å se på. Hun synes
ikke det er så spennende med 20 jenter som løper rundt etter en ball.

– Pappa, jeg vil hjem!
– Kari, da, vi kan ikke gå nå. Kampen er ikke slutt!
– Men pappa, jeg er sulten!

Tor går og kjøper en pølse til Kari. Kari spiser pølsen sin og er fornøyd.
Tor løper fram og tilbake langs banen. Jentene hans er flinke, men det
andre laget er også bra.

– Pappa, jeg er tørst.
– Bare vent litt, det er
  snart pause.
– Men pappa, jeg må tisse!

Tor ser på dattera si,
og han ser på jentene som
spiller fotball.
Han skjønner at han har
tapt. Han snakker med en
mor i nærheten. Hun er en
gammel landslagsspiller, så
han vet at han kan gi henne ansvaret.
Han vinker til jentene, tar Kari i hånden og går hjem.
Han håper at *jentene* vinner, i alle fall …

Grammatikk

Refleksivt eiendomspronomen

Hans →
Hennes →   Sin – si/sin – sitt – sine
Deres →

1

Tor har **hatten sin** på seg.
Kari har **lua si** på seg.

2

Tor gir Kari **hatten sin**.
Kari gir Tor **lua si**.

3

Nå har Tor **lua hennes** på seg.
Kari har **hatten hans** på seg.

4

Tor gir Kari **lua hennes** tilbake.
Kari gir Tor **hatten hans** tilbake.

5

Nå har Tor
hatten sin på seg
igjen, og Kari har
lua si på seg.

Kysser Hansen sin kone?
Eller er det hans kone
Hansen kysser?

Kari spiser **pølsen sin**.
Tor ser på **dattera si**.
Tor venter på **laget sitt**.
Per må gjøre **leksene sine**.

Ord og uttrykk

Når?	Hvor?	Hva koster det?
Nå med en gang	I svømmehallen	Det er gratis.
Om 5 minutter	Hjemme hos meg	Det koster ingenting.
Om en time	På biblioteket	Det er ikke så dyrt.
Klokka 5	I butikken	Det koster 50 kroner.
I ettermiddag	På fotballkamp	Jeg vet ikke.
I kveld klokka 8	På skolen	
I morgen	I parken	
På lørdag	Hos deg	

Ja	Jeg vet ikke	Nei
Ja, jeg blir gjerne med.	Jeg vet ikke.	Nei, jeg må gjøre leksene.
Ja, det skal bli morsomt.	Jeg må spørre Eva først.	Nei, jeg har ikke råd.
Ja, gjerne.	Jeg skal tenke på det.	Nei, det er for dyrt.
Ja, jeg skal bare spise først.	Jeg vet ikke. Det er så dyrt.	Nei, jeg har ikke tid.
Ja, det vil jeg gjerne.	Jeg har vondt i hodet.	Nei, jeg kan ikke. Jeg er opptatt.
	Kan vi ikke gjøre noe annet?	Nei, jeg er for trøtt.
		Nei, det er for seint.

Samfunnsfag

Norway Cup

Norway Cup er verdens største fotballturnering for jenter og
gutter fra 10 til 19 år. Den blir arrangert av Bækkelaget
Sportsklubb og Dagbladet hvert år. Turneringen finner sted
på Ekebergsletta utenfor Oslo i slutten av juli og begynnelsen
av august. Rundt 25 000 barn og unge fra hele verden deltar
i turneringen. Gjennom turneringen lærer ungdom hverandre
å kjenne på tvers av språk, kultur og sosial bakgrunn.

I 1979 fikk Norway Cup besøk av et brasiliansk lag. Laget besto
av gatebarn fra slummen i Sao Paulo. Dette var starten på
«Det fargerike Fellesskapet». I dag er dette en svært viktig del av
turneringen, og Norway Cup samarbeider med organisasjoner som
Redd Barna og Røde Kors.

Norway Cup ble første gang arrangert i 1972 og har fått mange
nasjonale og internasjonale priser for arbeidet sitt.

25

A Hva står på menyen?

Skal vi ha både forrett, hovedrett og dessert?

Smaker det godt?

Hva skal vi ha?

Liker du pinnekjøtt?

Har du smakt multekrem?

B Et julebesøk

Det er 14. desember. John og Anne har akkurat snakket med Johns mor i telefonen. Hun sa at de gleder seg til å komme til Norge i julen. John og Anne diskuterer hva de skal spise. Skal de ha noe tradisjonelt norsk, eller skal de ha noe tradisjonelt amerikansk? Eller kanskje en blanding? Skal de ha forrett, hovedrett og dessert – eller bare hovedrett og dessert?

Anne: Hvor mange personer blir vi egentlig?

John: Tja, alt i alt blir vi, la meg se, åtte voksne og to barn.

Anne: Men de fleste er norske. Og de vil sikkert ha norsk mat på julaften.

John: Ja, men den norske julematen er jo så spesiell.

Anne: Vi pleier å ha ribbe. Har du smakt det?

John: Nei, men jeg har smakt pinnekjøtt. Da vi spilte på den nye restauranten med bandet forrige lørdag, fikk vi det. Det smakte ikke så verst. Men – familien din har kanskje ikke spist kalkun. Det kan jo være spennende å prøve nye ting!

Anne: Ikke på julaften. Da er nordmenn veldig konservative.

John: Kan vi ikke lage en blandingsmeny?

Anne: Jo, det var en god idé. Så kan vi ha ribbe til hovedrett og pai til dessert.

John: Ja, eller kanskje kalkun til hovedrett og multekrem til dessert.

Anne: Det høres godt ut! Det tar vi.

C En julemiddag

John og Anne har bestemt seg for å ha kalkun til hovedrett og multekrem til dessert. Men Anne vil gjerne at John skal prøve ribbe. Det pleier familien hennes å spise på julaften. Anne reserverer et bord til dem på Restaurant Grand:

NN: Restaurant Grand, vær så god.

Anne: Jeg vil gjerne bestille et bord for to til i kveld klokka sju.
Helst ved vinduet.

NN: Røyk eller ikke-røyk?

Anne: Ikke-røyk.

NN: Det er i orden. Hva var navnet?

Anne: Anne Lien.

NN: Velkommen, da.

Anne: Takk.

D Smakte maten?

Anne: God dag. Jeg har bestilt et bord til Anne Lien.

Kelneren: Det stemmer. Det er det bordet der borte ved vinduet.
Vær så god.

Anne: Takk.

Kelneren: Her er menyen, vær så god.

Anne: Ja, men vi vet hva vi skal ha. Har dere ribbe,
med medisterpølse og alt som hører med?

Kelneren: Ja, selvsagt. To porsjoner?

Anne: Ja takk.

Kelneren: Og hva vil dere ha å drikke?

Anne: En øl til meg.

John: Jeg kjører, så jeg tar en alkoholfri øl.

Det er ikke lenge å vente før kelneren kommer med maten.
John ser på tallerkenen. Så mye det er!
De begynner å spise.

Anne: Smakte det godt,
synes du?

John: Ja, det var ikke så verst.
Det likner kanskje litt på
«spare-ribs»?

Anne: Kanskje det, men dette
er jo ikke grillet.

John: Nei, det er sant. Men
likevel …

Grammatikk

Fordi – derfor

John og Anne diskuterer menyen **fordi** de skal ha utenlandske
gjester på julaften.
John og Anne skal ha utenlandske gjester på julaften.
Derfor diskuterer de menyen.

De lager en blandingsmeny **fordi** de skal ha utenlandske gjester.
De skal ha utenlandske gjester. **Derfor** lager de en blandingsmeny.

Anne bestiller et bord på Grand **fordi** hun vil gå ut og spise.
Anne vil gå ut og spise. **Derfor** bestiller hun et bord på Grand.

Anne trenger ikke å se menyen **fordi** hun vet hva de skal spise.
Anne vet hva de skal spise. **Derfor** trenger hun ikke å se menyen.

John bestiller en alkoholfri øl **fordi** han skal kjøre.
John skal kjøre. **Derfor** bestiller han en alkoholfri øl.

> Regel:
> **Fordi** + leddsetning
> **Derfor** + helsetning (med inversjon)

Plassering av leddsetning

De blir 10 personer **hvis** alle kommer.
Hvis alle kommer, **blir de** 10 personer.

De fikk pinnekjøtt **da** de spilte på den nye restauranten.
Da de spilte på den nye restauranten, **fikk de** pinnekjøtt.

Annes familie spiser ribbe **når** det er jul.
Når det er jul, **spiser Annes familie** ribbe.

John bestiller en alkoholfri øl **fordi** han skal kjøre.
Fordi han skal kjøre, **bestiller John** en alkoholfri øl.

Regel: Leddsetningen kan stå foran eller etter helsetningen.

Ord og uttrykk

Det smaker	deilig!
	godt!
	ikke så verst!
	ikke noe særlig!

Hva **tror** du?	Jeg **tror** at de vil like ribbe.
	Jeg **tror** at han liker meg.
	Jeg **tror** at det blir fint vær i morgen.
Hva **synes** du?	Jeg **synes** at vi skal spise ribbe.
	Jeg **synes** at den norske julematen er litt spesiell.
	Jeg **synes** at du er hyggelig.
	Jeg **synes** at det var en god film.
	Jeg **synes** at buksa di er fin.
Hva **mener** du?	Jeg **mener** at vi må tenke på de utenlandske gjestene.
	Jeg **mener** at bensinprisen er for høy.
Hva er din **mening**?	Min **mening** er at bensinen er for dyr i Norge.

Samfunnsfag

Høytider og merkedager i Norge

Jul

Julen begynner med adventstida fire uker før selve julaften. Adventstida er en ventetid: Vi venter på julaften da alle kristne tror at Jesus ble født. Mange familier har adventsstake med lilla lys i.

Mange nordmenn bruker adventstida til å bake kaker, lage eller kjøpe julegaver og gjøre rent i huset. På julaften går mange nordmenn i kirken. Etter gudstjenesten venter middagen. Tradisjonell norsk julemat er pinnekjøtt (av sau), ribbe (av gris) eller torsk. Etter hvert har også mange begynt å spise kalkun. Etter middagen er det tid for julegavene. I barnefamilier kommer kanskje julenissen på besøk med presangene. For mange voksne er nok maten, julestemningen og familiebesøkene det viktigste.

Påske

Påsken feirer vi til minne om Jesu korsfestelse og opp-standelse i Jerusalem. Påsken begynner med palmesøndag. Torsdag og fredag i påskeuka har alle fri. Torsdag kaller vi skjærtorsdag, og fredag kaller vi langfredag. Lørdag er påskeaften. Da er butikkene åpne, men ikke så lenge.

Søndag og mandag er også helligdager, 1. og 2. påskedag.
For mange innleder påsken våren: Krokus og påskeliljer
blomstrer, og det begynner å bli litt varmere i lufta. En del
nordmenn reiser bort i påsken, enten på hytta, til Syden eller til
en annen del av landet for å besøke familie og venner.

17. mai

17. mai er Norges nasjonaldag.
Vi feirer dagen til minne om
17. mai i 1814, da Norge fikk
sin egen grunnlov (konstitusjon).

På 17. mai går barna i tog,
synger sanger og vifter med
norske flagg. Alle musikkorpsene
spiller, og både gamle og unge
synes det er fint å ha en dag å
feire landet sitt på. 17. mai er
barnas dag, og det er lov å spise
og drikke så mye is, pølser og
brus som man kan klare …

Sankthans

Vi feirer sankthansaften,
23. juni, med å brenne bål,
grille pølser og ha det hyggelig
sammen.

Sankthans faller nesten sammen
med en gammel merkedag:
sommersolverv eller midt-
sommernatt (21. eller 22. juni). Denne dagen er den lengste i året
og har blitt feiret i Norge langt tilbake i tid. Ved sommersolverv
«snur sola», og dagene blir kortere og kortere. Den motsatte
dagen heter vintersolverv og er like før julaften (21. eller
22. desember).

26 A Her er timeplanen til Per

Hvordan ser timeplanen din ut?

TID	MANDAG	TIRSDAG	ONSDAG	TORSDAG	FREDAG
08.30–09.15	norsk	KRL	KRL	matte	engelsk
09.20–10.05	norsk	norsk	kunst og håndverk	matte	engelsk
10.15–11.00	samfunnsfag	norsk	kunst og håndverk	norsk	matte
11.30–12.15	engelsk	samfunnsfag	matte	samfunnsfag	natur og miljø
12.25–13.10	heimkunnskap	natur og miljø	musikk	gym	valgfag
13.20–14.05	heimkunnskap	natur og miljø	musikk	gym	valgfag
14.15–15.00			klassens time		

Når er det sommerferie?

Fra ca. 20. juni til ca. 20. august.

Hvor lang påskeferie har barna i Norge?

Omtrent ei og ei halv uke.

B Skolen i Norge

Tor: Larissa, skal Ingrid begynne på skolen neste år?

Larissa: Ja, hun fyller seks år i februar.

Tor: Men Gunnar begynte vel på skolen da han var sju, slik som Per?

Larissa: Ja, Randi har fortalt at det ble skolestart for seksåringer i 1997.

John: Jeg synes det er bra at barna begynner når de er 6 år. I USA begynner barna når de er fem, men det synes jeg er litt for tidlig.

Tor: Ja, det er jeg enig i. Mange foreldre synes at 6 år også er for tidlig, men det første året er egentlig bare et obligatorisk førskoleår.

Carlos: Men barna lærer vel noe det første året også?

Tor: Ja da, de lærer mange sanger, de går på turer i skog og mark, og de lærer mye om hva det vil si å gå på skolen. Men det viktigste er å leke.

Carlos: Hvorfor det?

Tor: Fordi læring skjer gjennom lek.

Larissa: Men de lærer vel å skrive, lese og regne?

Tor: Nei, egentlig ikke før i 2. klasse, men noen lærer det nok. Alle begynner med engelsk i 2. klasse. I 9. klasse kan de velge tysk eller fransk, hvis de vil. Det er valgfrie fag. Enkelte skoler tilbyr også spansk og andre språk.

Hassan: Men hvordan er det med undervisning i kristendom?

Tor: Før kunne elever bli fritatt fra undervisning i kristendom hvis foreldrene ønsket det. Men nå er det annerledes. Det nye kristendomsfaget heter kristendoms-, religions- og livssynskunnskap. Vi kaller det for KRL. I prinsippet kan elevene ikke bli fritatt fra KRL-undervisningen.

Carlos: Virkelig? Er det lovlig?

Tor: Vel …

Carlos: Men hva med språk da? Kan Sandro lære spansk på skolen?

Tor: Ja, han kan få morsmålsundervisning, men du og Maria må søke om at han skal få det. Her i kommunen kan han også få fagundervisning på spansk hvis dere vil, i alle fall de første årene.

Carlos: Det synes jeg er fint! Jeg vil gjerne at han skal klare seg i Colombia hvis vi engang kan reise tilbake.

C Foreldremøter er bra, sier John

Indira: Det er bra at det er gratis for barn å gå til tannlege og lege. Jeg synes at det er så dyrt å gå til tannlegen.

Hassan: Bare hvis man har mange hull!

Indira: Går de fleste ut i arbeidslivet når de er ferdige med ungdomsskolen?

Tor: Nei, det gjør de ikke. Det er nemlig veldig vanskelig for ungdom å få fast jobb. Etter 1994 har alle ungdommer som er ferdige med ungdomsskolen, rett til å fortsette på videregående skole i tre år, men det er ikke obligatorisk. På videregående kan de velge mellom teoretiske og praktiske studieretninger.

Indira: Velger ungdommene selv hvilken studieretning de skal gå, eller er det foreldrene som velger? Eller kanskje lærerne?

Tor: Det er ungdommene selv som velger, men gjennom hele skoletida har lærerne møter med foreldrene og elevene. Da diskuterer de hvordan det går på skolen for eleven, og hva han eller hun må arbeide mer med. Det kaller vi foreldre-samtaler. Dessuten har lærerne møter med alle foreldrene samtidig. Det kaller vi foreldremøter. Da informerer lærerne om hvilke aktiviteter elevene skal ha i løpet av året, hvilket pensum de skal gjennomgå, og andre ting som interesserer foreldrene.

John: Vi har både foreldresamtaler og foreldremøter i barnehagen også.

Indira: Har dere? Hvordan er det?

John: Det er fint med foreldresamtaler. Vi får vite hvordan Tom har det i barnehagen, hvem han liker å leke med, og hvordan han oppfører seg. I begynnelsen var han veldig sjenert og følte seg litt alene. Men nå trives han bedre. Det kommer nok av at han har lært mer norsk. Nå er det ikke så vanskelig å leke med de andre barna. På foreldremøtene har vi blitt kjent med de andre foreldrene. Derfor har jeg skjønt at Tom av og til overdriver hjemme. For eksempel vil han så gjerne ha en hund, og derfor sa han at alle de andre barna i barnehagen hadde hund.

Grammatikk

Ordstilling i leddsetning med negasjon

> Noen foreldre liker ikke at barna begynner på skolen i seksårsalderen.

> Det er ikke så dyrt å gå til tannlegen hvis man har null hull.

> Det er ikke obligatorisk å gå på videregående skole.

> Det er ikke foreldrene som bestemmer hvilken studieretning barna skal gå på.

> Tom likte seg ikke i barnehagen.

		subjekt	adverbial	verbal	
Tor sier	at	noen foreldre	ikke	liker	at barna begynner på skolen i seksårsalderen.
Hassan mener	at	det	ikke	er	dyrt å gå til tannlegen hvis man har null hull.
Tor sier	at	det	ikke	er	obligatorisk å gå på videregående skole.
Tor sier	at	det	ikke	er	foreldrene som bestemmer hvilken studieretning barna skal gå på.
John forteller	at	Tom	ikke	likte	seg i barnehagen.

Regel: **Ordstilling i leddsetning:**
ikke, alltid, aldri, gjerne kaller vi *setningsadverbialer*.
Setningsadverbialene står mellom subjektet og verbalet i leddsetninger.

Subjunksjoner

Jeg kommer   **når** du roper.

                  hvis du roper.
                  fordi du roper.
                  dersom du roper.
                  mens du roper.
                  selv om du roper.

> Vi har subjunksjoner for blant annet **tid, sted, årsak, motsetning, sammenlikning.**
>
> Det er viktig å skille **subjunksjonene** fra **adverbene** fordi **ordstillingen** er forskjellig:
> Adverb innleder en **helsetning**, subjunksjonene innleder en **leddsetning**.

Jeg kommer   **hvis** du **ikke** roper.

-

                  fordi du **ikke** roper.
                  dersom du **ikke** roper.
                  mens du **ikke** roper.
                  selv om du **ikke** roper.

Ord og uttrykk

Forskjellige måter å spørre på

	vel = ikke sant? = jeg tror at det er slik
Skal Ingrid begynne på skolen neste år?	Ingrid skal **vel** begynne på skolen neste år?
	Ingrid skal begynne på skolen neste år, **ikke sant?**
Begynte Gunnar på skolen da han var sju?	Gunnar begynte **vel** på skolen da han var sju?
	Gunnar begynte på skolen da han var sju, **ikke sant?**

Kan Sandro lære
spansk på skolen?

Sandro kan **vel** lære
spansk på skolen?

Sandro kan lære spansk
på skolen, **ikke sant?**

Er videregående
skole obligatorisk?

Videregående skole
er **vel** obligatorisk?

Videregående skole
er obligatorisk, **ikke sant?**

Er ikke videregående
skole obligatorisk?

Videregående skole er **vel**
ikke obligatorisk?

Enig – uenig

	enig *Det er jeg enig i.* *Jeg er enig med deg.*	**uenig** *Det er jeg uenig i.* *Jeg er uenig med deg.* *Jeg er ikke enig med deg.*
Barna begynner på skolen når de er seks år.	– Jeg er enig i at barn skal begynne på skolen når de er seks år. – Jeg synes det er bra at barna begynner på skolen når de er seks år. – Jeg mener det er riktig at barna skal begynne på skolen når de er seks år.	– Jeg er uenig i at barn skal begynne på skolen når de er seks år. – Jeg synes ikke det er riktig at barna begynner på skolen når de er seks år. – Jeg mener det er feil at barna skal begynne på skolen når de er seks år.
KRL-faget er obligatorisk for alle.	– Jeg er enig i at KRL-faget skal være obligatorisk for alle. – Jeg synes det er bra at KRL-faget er obligatorisk for alle. – Jeg mener det er riktig at KRL-faget er obligatorisk for alle.	– Jeg er uenig i at KRL-faget skal være obligatorisk for alle. – Jeg synes ikke det er bra at KRL-faget er obligatorisk for alle. – Jeg mener det er feil at KRL-faget er obligatorisk for alle.

Samfunnsfag

Skolen i Norge

grunnskole

småskoletrinnet   mellomtrinnet

ungdomstrinnet

barnehage

ikke obligatorisk

obligatorisk

videregående skole
folkehøyskole

universitet
høyskole

arbeid

frivillig

frivillig

SFO

Alle skoler har **skolefritidsordning**, SFO.

Skolefritidsordningen er et tilbud til barna etter at de er
ferdige på skolen. I stedet for å gå hjem til et tomt hus kan
de bli igjen på skolen sammen med andre klassekamerater.
Der får de hjelp til lekser, kanskje et måltid mat, og de kan
leke og være sammen med andre før de går hjem.
Noen skoler har også et tilbud til barna om morgenen,
før skolen starter. Skolefritidsordningen er ikke gratis.

27 A Hvor kommer du fra?

Velg de ordene og uttrykkene som passer for deg!

Jeg er født i	ei bygd en landsby en by en stor by	som heter	Gran. Gordon. Bergen. Riga. Calcutta. ...

Bygda Landsbyen Byen	ligger i	USA Norge Latvia India ...	og har ca.	5 000 15 000 200 000 1 000 000 7 000 000	innbyggere.

De lever av	jordbruk turisme industri og handel	fiske. skipsfart. håndverk. ...

Det er	ikke noen innvandrere ikke så mange innvandrere mange innvandrere i få turister mange turister	bygda landsbyen byen	der jeg vokste opp.

Det er	kalde vintrer og varme somrer mye regn tropisk klima …	der.

Jeg synes at den fineste bygningen der er	rådhuset. en kirke/kirken. en moské/moskeen. et slott/slottet. …	Jeg liker også	jernbanestasjonen. konserthuset. biblioteket. teateret.

B Vil du fortelle om Bergen?

Mariakirken

Fløibanen

Tor forteller:

Jeg vokste opp i Bergen. Det er Norges nest største by, med ca. 230 000 innbyggere. Byen ligger på Vestlandet og er en handelsby med stor skipsfart og god kontakt med utlandet. Bergen har et universitet og flere høyskoler med til sammen mange tusen studenter.

Bergen er en populær turistby. Hver sommer kommer utlendinger og nordmenn til «byen mellom de sju fjell». De besøker Mariakirken, som er fra 1100-tallet, og Bryggen, som i mange hundre år var et viktig handelssenter. Mange kjøper reker og levende fisk på fisketorget. Edvard Griegs hjem, som heter Troldhaugen, vil de også se.

Troldhaugen

Bryggen

Ulriksbanen

Det er spesielt mange turister
i Bergen når det er festspill i byen.
Da kan de se på kunst og høre på
musikk fra morgen til kveld.
Festspillene blir arrangert i slutten
av mai og begynnelsen av juni hvert
år fordi været er best da.
Ellers regner det mye i Bergen,
over 2000 mm per år.

Det er mange flyktninger og
innvandrere i Bergen. De kommer
fra land over hele verden.

237

C Et barndomsminne

Tor forteller:

Da jeg var liten, gikk vi på tur hver søndag. «Ut på tur, aldri sur,»
sa mor. «Det fins ikke dårlig vær, bare dårlige klær,» sa far. Mor smurte
matpakker og laget kaffe og saft. Far fant fram de klærne vi trengte.
Vi hadde ikke bil, så vi pleide å ta bussen inn til byen. Der tok vi
Fløibanen opp på fjellet, og så startet turen. Vi valgte litt forskjellig rute
hver gang.

Mor og far var veldig flinke til å ta det med ro når vi gikk på tur.
De ville at vi skulle lære å sette pris på naturen. Vi skulle ikke stresse.
Men jo eldre vi ble, jo lengre ble turene. Likevel var det alltid vi som
bestemte tempoet.

Da jeg studerte i Oslo, oppdaget jeg at Nordmarka er et nydelig
turområde. Jeg bestemte meg for å føre tradisjonen videre, og til og
med i eksamenstida tok jeg meg tid til å gå på tur. Jeg tror det er godt
for både kropp og sinn å komme seg ut i frisk luft. Da slapper man
bedre av, og man stresser ned.

I dag er mange barn
altfor lite flinke til
å bevege på seg. Før
var det faktisk veldig
vanlig å gå på tur.
Derfor tar Liv og jeg
med oss barna ut på
tur hver helg, akkurat
slik som mine
foreldre gjorde med
meg – og Livs
foreldre gjorde med
henne.

Grammatikk

Verbsystemene: Presenssystemet og preteritumssystemet

Preteritumssystemet:
utgangspunktet er i fortida

hadde spist ◄── **spiste** ──► skulle spise

Presenssystemet:
utgangspunktet er i nåtida

har spist ◄── **spiser** ──► skal spise

Presenssystemet			Preteritumssystemet		
perfektum	presens	futurum	pluskvam-perfektum	preteritum	fortids-futurum
har gått	**går**	skal gå	hadde gått	**gikk**	skulle gå
har funnet	**finner**	skal finne	hadde funnet	**fant**	skulle finne
har pakket	**pakker**	skal pakke	hadde pakket	**pakket**	skulle pakke
har sagt	**sier**	skal si	hadde sagt	**sa**	skulle si

Ord og uttrykk

Et handlingsforløp

Presenssystemet

Familien til Tor **går** på tur hver søndag.

«Ut på tur, aldri sur,» **sier** Liv.
Liv **smører** matpakker og
lager kaffe og saft.
Etter at Tor **har funnet** fram klærne
de **trenger**, **er** de klare til å gå.
De **har** bil, og de **pleier** å kjøre
ut av byen.

Tor og Liv **vil** at barna **skal lære** å like
naturen, så de **tar** det alltid med ro.

Barna **får** bestemme tempoet.
Men jo eldre barna **blir**, jo lengre
blir turene.

Preteritumssystemet

Da Tor **var** liten, **gikk** familien på
tur hver søndag.

«Ut på tur, aldri sur,» **sa** Tors mor.
Tors mor **smurte** matpakker og
laget kaffe og saft.
Etter at Tors far **hadde funnet** fram
klærne de **trengte**, **var** de klare til å gå.
De **hadde** ikke bil, så de **pleide** å ta
bussen inn til byen. Der **tok** de
Fløibanen opp på fjellet.

Tors foreldre **ville** at barna **skulle lære**
å like naturen, så de **tok** det
alltid med ro.

Barna **fikk** bestemme tempoet.
Men jo eldre barna **ble**,
jo lengre **ble** turene.

Samfunnsfag

Allemannsretten

Allemannsretten sier at alle har lov til å ferdes i skog og mark,
men det er viktig å vite om et område er **innmark** eller **utmark**.
Innmark er *opparbeidet land (for eksempel åker eller eng)*. Utmark
er *alle andre områder*, og i disse områdene har alle i prinsippet rett
til å være. Allemannsretten gjelder ikke for biler, motorsykler eller
andre motoriserte kjøretøy.

På sjøen er det fri ferdsel for alle. Det er også lov å bade i sjøen
hvis det er «rimelig» avstand til hus eller hytte. Man skal ikke
være til sjenanse.

Mange steder langs kysten setter grunneiere opp «adgang forbudt»-skilter. Etter allemannsretten er ikke det lovlig. Likevel er det vanskelig å vite: Når er man til sjenanse, og når er man det ikke?

Uansett er det viktig å følge noen regler når man er ute i skog og mark eller ved sjøen:

– Man skal alltid passe på at området blir forlatt slik man fant det. Det vil si at man alltid må rydde opp etter seg.
– Man kan ikke sette opp telt i nærheten av hus, og man kan ikke bli mer enn to døgn på samme sted uten etter avtale med grunneier.
– Man må ikke plukke blomster eller ville bær som er fredet.
– Man kan fiske i sjøen, men ikke i fjellvann og elver. Da trenger man fiskekort.
– Man kan ikke tenne bål i eller i nærheten av skogsområder fra 15. april til 15. september.

Det er viktig at alle turgåere oppfører seg slik at det ikke blir nødvendig å innskrenke allemannsretten.

Husk båndtvang!

241

ORDLISTE

1 A–C

h<u>e</u>ter

<u>e</u>r [*<u>æ</u>r*]

d<u>e</u>tte

d<u>e</u>t [*d<u>e</u>*]

Det er ... [*de <u>æ</u>r*]

j<u>e</u>g [*j<u>æi</u>*]	v<u>i</u>
d<u>u</u>	d<u>e</u>re
han	d<u>e</u> [*d<u>i</u>*]
hun	

hvor [*vor*]

hv<u>a</u> [*v<u>a</u>*]

hv<u>e</u>m [*v<u>e</u>m*]

Jeg er fra ... [*j<u>æ</u>i <u>æ</u>r fra*]

<u>o</u>g [*<u>å</u>*]

<u>e</u>ller

<u>o</u>gså [*<u>å</u>så*]

j<u>a</u>

n<u>e</u>i [*n<u>æi</u>*]

ORD OG UTTRYKK

H<u>ei</u>! [*h<u>æi</u>*]

God d<u>a</u>g! [*god<u>a</u>g*]

God m<u>o</u>rgen! [*go m<u>å</u>ren*]

H<u>a</u> det! [*h<u>a</u> de*]

Ha det br<u>a</u>! [*ha de br<u>a</u>*]

Vi snakkes!

Vi s<u>e</u>s!

Jeg k<u>o</u>mmer fra ... [*j<u>æ</u>i k<u>å</u>mer fra*]

Norge [*n<u>å</u>rge*]	Latvia
India	USA
P<u>a</u>kistan	Eur<u>o</u>pa
Th<u>ai</u>land [*t<u>ai</u>lan*]	<u>A</u>sia
Ir<u>a</u>n	

2 A
et navn
et alfabet
ei/en adresse

navnet ditt [*navne dit*]

å stave, staver – kan stave
å skrive, skriver – kan skrive

hvordan [*vordan*]

2 B
en familie
en lærer
en gutt
ei/en jente
ei/en kone
et barn [*barn*]

å snakke, snakker – kan snakke
å bo, bor
å ha, har

norsk [*nårsk*]
engelsk [*engelsk*]
spansk
gift [*jift*]

lærer i norsk
i Storgata
to

2 C
ti (10)
kona mi/konen min
et år, fire (4) år
fjorten (14) [*fjorten*]
fem (5)
en måned – for to måneder siden [*får to
    måner sidn*]

en barnehage – i norsk barnehage
    [*barnehage*]
et norskkurs – på norskkurs [*nårskurs*]

å si, sier
å hete, heter
å komme, kommer, kom
å gjenta, gjentar – kan gjenta [*jenta*]
å spørre, spør – spørre om [*åm*]
å prøve, prøver
å gå, går

alene
vanskelig [*vanskeli*]
lett

at
når
men

hjemme [*jeme*]

GRAMMATIKK
et pronomen
en bror

ikke

fransk

ORD OG UTTRYKK
Unnskyld? [*unʃyl*]
Hva sier du? [*va sier du*]
Hvor gammel er ... ? [*vor gamel ær*]
russisk
thai [*tai*]
Når kom du til Norge?
Jeg kom til Norge for ... måneder/år siden.

243

SAMFUNNSFAG
en kronprins
ei/en kronprinsesse

3 A
ei/en klokke [*klåke*]

Hva er klokka? [*va ær klåka*]
Hvor mye er klokka? [*vor mye ær klåka*]

Den er ett [*den ær et*]
kvart over ett [*kvart åver et*]
halv to [*hal to*]
kvart på to [*kvart på to*]
fem over to [*fem åver to*]
ti på halv tre [*ti på hal tre*]
fem over halv tre [*fem åver hal tre*]
ti på tre

3 B
en frokost [*frokåst*]
en lunsj [*lønsj*]
en jobb – på jobben [*jåb*]
en middag

å gjøre, gjør [*jøre*]
å stå opp, står opp
å spise, spiser
å begynne, begynner [*bejyne*]
å jobbe, jobber [*jåbe*]
å arbeide, arbeider
å slutte, slutter

Hva gjør du? [*va jør du*]
Når står du opp?

3 C
en au pair [*au per*] [*å pær*]
en buss
en skole

et kurs [*kurs*]
en dag – to dager

å vekke, vekker
å ta, tar
å leke, leker
å lage, lager
å sove, sover [*såve*]

å ta bussen, tar bussen
å slutte på skolen, slutter på skolen

hos
hjem [*jem*]
mellom [*melåm*]
to dager i uka/uken

3 D
en timeplan
ei/en tid
et rom

kl. = klokka/klokken

GRAMMATIKK
infinitiv
presens

ORD OG UTTRYKK

Jeg arbeider **fra** ... **til** ... [*jæi arbeider* ...]
Ingrid leker **mellom** ... **og** ...

mandag	fredag
tirsdag [*tirsdag*]	lørdag [*lørdag*]
onsdag	søndag
torsdag [*tårsdag*]	

SAMFUNNSFAG
å komme for seint, kommer for seint
å fly, flyr

presis

4 A–B

Mat

smør
margarin
en ost
ei/en brødskive [brøʃive]
ei/en skive [ʃive]
ei/en skinke [ʃinke]
et brød [brø]
et rundstykke [runstyke]
syltetøy
et egg

Drikke

melk	vin
saft	te
jus/juice	vann
brus	øl
kaffe	

---

en kopp
et glass

å like, liker
å få, får – kan få

tørst [tørst]
sulten

Vil du ha ...?
Jeg vil gjerne ha ... [jærne]

Jeg har lyst på ...
Kan jeg få ...?

noe å drikke
noe å spise

gjerne [jærne]
takk
Ja takk
Nei takk

4 C

sukker [soker]
en loff
et grovbrød [gråvbrø]
en is, litt is

å besøke, besøker
å ta, tar
å skjønne, skjønner [ʃøne]
å bruke, bruker
å måtte, må
å handle, handler
å vente, venter

Vær så god. [værsego]
i dag
forsynt [fårsynt]
sammen
sammen med
kanskje [kanʃe]

4 D

en butikk
(en) mat
en handlelapp
ei/en handlevogn [handlevågn]
en skolemat, skolematen
ei/en dame
ei/en pakke
en fiskebolle, en boks fiskeboller [fiskebåle]

245

en potet, en/et kilo poteter
en sjokolade [ʃokolade]
ei/en kasse, kassa/kassen

å kjøpe, kjøper [çøpe]
å bli, blir
å trenge, trenger [treŋe]
å finne, finner
å smile, smiler
å betale, betaler

glad [gla]

der [dær]
der borte [borte]
til høyre
til venstre

Tusen takk
nettopp [netåp]
alltid [alti]

Emballasje *packaging*

Tin =	en boks [båks]	ei/en pakke = *packet*
boxp	en eske	ei/en tube = *tube*
carton	en kartong [kartåŋ]	et glass = *glass*
bag	en pose	matpapir = *greaseproof paper*

GRAMMATIKK
ei/en avis
et ukeblad
aldri

ORD OG UTTRYKK
Et glass melk hadde vært godt. [gåt]

mett

SAMFUNNSFAG
matvarer
leverpostei
fårepølse
brunost
fiskeboller [fiskebåler]
ei/en matpakke
et kontor

5 A
en venn, vennen
et brev, brevet [breve]
en TV, TV-en [teve]
lekser

å ligge, ligger
å sitte, sitter
å stå, står
å vaske, vasker – vasker opp
å se, ser

selv [sel]
nå

5 B
en e-post, e-posten [e-påst]
en flyktning, flyktningen [flyktniŋ]
et bibliotek, biblioteket
en PC, PC-en [pese]
ei/en reise, reisa/reisen [ræise]
en nyhet, nyheten – nyheter
Internett
ei/en mor, mora/moren
en far, faren
en banan, bananen
et eple, eplet [eple] [eple]
en vare, varen – varer
en kino, kinoen [çino]
en film, filmen
kjærlighet [çærlihet]

å sende, sender [*sene*]

å tenke, tenker – tenke på [*tenke*]

å sykle, sykler

å fortelle, forteller – fortelle om [*fårtele*]

å lete, leter – lete etter …

å lengte, lengter – lengte hjem [*lengte jem*]

å treffe, treffer

å bære, bærer

trist

gjennom [*jenåm*]

litt

langt [*lant*]

så

på veien hjem [*på væien jem*]

gå på kino [*çino*]

om kvelden [*kvelen*]

SAMFUNNSFAG

et land, landet [*lan*]

å lese, leser

alle

din, di/din, ditt, dine

6 A

> **Frukt**
>
> en appelsin, appelsinen
>
> en banan, bananen
>
> ei/en pære, pæra/pæren
>
> et eple, eplet

å koste, koster [*kåste*]

Hva koster …? [*va kåster*]

Hvor mye koster …?

Hvor mye blir det?

Mange takk! [*mane tak*]

6 B–E

en kiosk, kiosken [*çiåsk*]

et postkontor, postkontoret [*påstkontor*]

ei/en pakke, pakka/pakken

en/et kilo, kiloen/kiloet – kilo [*çilo*]

et postkort, postkortet [*påstkårt*]

en bank, banken [*banke*]

en dollar, dollaren – dollar [*dålar*]

en kurs, kursen [*kurs*]

et skjema, skjemaet [*ʃema*]

penger, pengene [*penger*]

et gebyr, gebyret

et kontonummer, kontonummeret [*kåntonomer*]

en valuta, valutaen

et lånekort, lånekortet [*lånekårt*]

et etternavn, etternavnet

en legitimasjon, legitimasjonen [*legitimaʃon*]

et kort, kortet [*kårt*]

en kode, koden

ei/en bok, boka/boken

å hjelpe, hjelper [*jelpe*]

å veie, veier [*væie*]

å veksle, veksler [*vekʃle*]

å overføre, overfører [*åverføre*]

å fylle, fyller – fyller ut

å gi, gir [*ji*]

å låne, låner

å skrive under, skriver under

å få hjelp til, får hjelp til [*jelp*]

utsolgt [*utsålkt*]

elektronisk

personlig [*pærsonli*]

dessverre [*desvære*]
til sammen
tilbake
her [*hær*]

deg [*dæi*]

Kan jeg hjelpe deg?
Noe annet? [*no aent*]
Det blir ...
Skal vi se ...
Javel
Det er greit.
Når er du født?
Det er fint.

GRAMMATIKK
(en) tran, tranen
ei/en gate, gata/gaten
en bil, bilen – biler

å reise, reiser [*ræise*]
å passe seg for biler – du må passe deg for
    biler [*å pase sæi får biler*]

i morgen [*i måren*]

ORD OG UTTRYKK
selvfølgelig [*selfølgeli*]
Hva er kursen for ... i dag?
Trenger du hjelp? [*trenger du jelp*]

SAMFUNNSFAG

> **Penger** [*penger*]
> ei/en krone, krona/kronen
> en mynt, mynten
> en seddel, seddelen – sedler
> en hundrelapp, hundrelappen
> en tusenlapp, tusenlappen
> et øre, øret – øre

et mål, målet
ei/en vekt, vekta/vekten
ei/en lengde, lengda/lengden [*lengde*]
et pass, passet
et bankkort, bankkortet
et førerkort, førerkortet

7 A
vær, -et
sol, -a/-en

regne, -er [*ræine*]
snø, -r
skinne, -er [*ʃine*]
blåse, -er

kald, -t [*kal*]
fin, -t
varm, -t

Hvordan er været?
Hva slags vær ...?

7 B
årstid, -a/-en
ferie, -en
jul, -a/-en
nyttår, -et
påske, -en
pinse, -a/-en
sankthans

> **Årstider**
> høst, -en   vinter, -en
> sommer, -en [*såmer*]   vår, -en

snart [*snart*]
hvilken [*vilken*]
hvor lenge [*vor lenge*]

7 C

mann, -en
lege, -en
termin, -en

kjøre, -r
bety, -r
komme, -mer

deprimert, - [deprimert]
gravid, -
gøy
dum, -t [dom]

om høsten
har vært
se ... ut
hos legen

Så gøy!
Gratulerer!
Gleder du deg?

7 D

permisjon, -en [pærmiʃon]
søknadsskjema, -et [søknadsʃema]
klasse, -en
nummer, -et; klassenummer [nomer]
årsak, -en
fødsel, -en
arbeidsgiver, -en [arbæitsjiver]
trygdekontor, -et
lønn, -a/-en
rett, -en; rett til
fødselspenger [fødselspeŋer]
engangsstønad, -en
barnetrygd, -a/-en [barnetrygd]
park, -en
forslag, -et [fårslag]
sentrum, -et
gang, -en, ganger [gaŋ]

huske, -er
tro, -r
forklare, -er
hente, -er
ha rett til, har rett til
gå tur, går tur
slappe av, slapper av
sitte på til ..., sitter på til ...

hyggelig, - [hygeli]
vanlig, - [vanli]
deilig, - [dæili]
stor, -t
flott, - [flåt]

Sivilstand

enke [eŋke]	gift [jift]
enkemann	skilt [ʃilt]
samboer	ugift [ujift]

---

hvorfor [vorfår]
til sommeren [såmeren]
fremdeles

Det er synd – Så synd at ...! [syn]
Så lenge! [leŋe]
sånn er livet

GRAMMATIKK

adjektiv, -et
musikk, -en
subjekt, -et
verbal, -et
sted, -et

dårlig, - [dårli]
bra, -

trives, -

ORD OG UTTRYKK

forstå, -r [*fårstå*]

fyre, -er

stygg, stygt, stygge
grønn, grønt, grønne
ille, verre, verst [*være, værst*]

Månedene

januar	juli
februar	august
mars [*mars*]	september
april	oktober [*åktåber*]
mai	november
juni	desember

SAMFUNNSFAG

mørketid, -a/-en [*mørketi*]
midnattssol, -a/-en
turist, -en, turister

mørk, -t
lys, -t

nesten
hele
mange [*mange*]
for å [*får å*]

Landsdeler [*lansdeler*]

Nord-Norge [*nor-nårge*]
Sørlandet
Trøndelag
Vestlandet
Østlandet

---

8 A

Klær

BH, -en, -er, -ene [*behå*]
frakk, -en, -er, -ene
genser, -en, -e, -ne
kjole, -en, -er, -ene [*çole*]
sko, -en, -, -ene; et par sko
bluse, -a/-en, -er, -ene
bukse, -a/-en, -er, -ene [*bokse*]
dongeribukse [*dåŋeri*]
jakke, -a/-en, -er, -ene
kåpe, -a/-en, -er, -ene
lue, -a/-en, -er, -ene
skjorte, -a/-en, -er, -ene [*ʃorte*]
truse, -a/-en, -er, -ene
topp, -en, -er, -ene [*tåp*]
underbukse, -a/-en, -er, -ene [*unerbokse*]
T-skjorte, -a/-en, -er, -ene [*teʃorte*]
belte, -et, -er, -ene
skjørt, -et, -, -ene [*ʃørt*]
slips, -et, -, -ene

---

8 B

dameavdeling, -a/-en, -er, -ene [*dameavdeliŋ*]
salg, -et, -, -ene
avslag, -et, -, -ene
farge, -en, -er, -ene
herreavdeling, -a/-en, -er, -ene [*hæreavdeliŋ*]
barneavdeling, -a/-en, -er, -ene [*barneavdeliŋ*]
størrelse, -en, -er, -ene

meg [*mæi*]

kikke, -er [*çike*]

bare

Kan jeg hjelpe deg?
Kan du hjelpe meg? [*jelpe*]

Farger

blå	blått	blå(e)
brun	brunt	brune
grønn	grønt	grønne
gul	gult	gule
hvit	hvitt	hvite [*vit*]
lilla	lilla	lilla
rosa	rosa	rosa
rød	rødt	røde [*røe*]
svart	svart	svarte

annen, annet, andre
denne, dette, disse
hvilken, hvilket, hvilke [*vilken*]
slik, slikt, slike

8 C

klær, -ne
morgen, -en, -er, -ene [*måren*]
by, -en, -er, -ene
en passasjer, -en, -er, -ene [*pasasjer*]
en minibank, -en, -er, -ene
en pris, -en, -er, -ene
en dusk, -en, -er, -ene
ekspeditrise, -a/-en, -er, -ene

gå bort til, går bort til
passe, -er
legge, -er
synes, -
ha lyst til, har lyst til
ha mye å gjøre, har mye å gjøre
bli med, blir med [*me*]
hilse på, hilser på
ta ut, tar ut

ny, -tt, -e
billig, -, -e [*bili*]

god, -t, -e [*go*]
grei, -t, -e [*græi*]
tøff, -t, -e

først [*først*]
samme
med [*me*]

Det er samme farge som ...

UTTALE

sky, -a/-n, -er, -ene [*ʃy*]
kø, -en, -er, -ene
krok, -en, -er, -ene
skål, -a/-en, -er, -ene
skute, -a/-en, -er, -ene
skøyte, -a/-en, -er, -ene [*ʃøyte*]

skrelle, -er
kysse, -er [*çyse*]

ORD OG UTTRYKK

dameavdeling, -a/-en, -er, -ene [*avdeliŋ*]
herreavdeling, -a/-en, -er, -ene

dyr, -t, -e
ledig, -, -e [*ledi*]

akkurat
for liten
for stor
for dyr

SAMFUNNSFAG

regntøy, -et [*ræintøy*]
gummistøvel, -en, -støvler, -støvlene

fryse, -er

tykk, tykt, tykke
tynn, tynt, tynne

ute
ofte [åfte]
da
alle

9 A
kveld, -en, -er, -ene [kvel]
tannlege, -en, -er, -ene

rydde, -er

i kveld
fredag kveld

nesten alltid
iblant
av og til
ikke så ofte [åfte]
nesten aldri

Hvor ofte ...? [vor åfte]

9 B
tegnspråk, -et, -, -ene [tæinspråk]
puls, -en
helse, -a/-en
kokk, -en, -er, -ene [kåk]
sving, -en, -er, -ene [sviŋ]
underholdning, -en [unerhålniŋ]
viking, -en, -er, -ene [vikiŋ]
blod, -et
profil, -en, -er, -ene
slutt, -en, -er, -ene
dyr, -et, -, -a/-ene
klinikk, -en, -er, -ene
jazz, -en [jas]
dramaserie, -en, -er, -ene
musikkprogram, -met, -mer, -mene
fiende, -en, -er, -ene
landskamp, -en, -er, -ene [lanskamp]
liv, -et, -, -ene

TV-programmer
Barne-TV [barne teve]
Dagsrevyen
Distriktsnyheter
Kveldsnytt
Nyhetene
Siste nytt
Sporten [spårten]
Sportsrevyen
Været

---

morsom, -t, -me; noe morsomt [morsåm]
tysk, -, -e
sist, -e
neste
britisk, -, -e
voksen, -t, voksne [våksen]
tabloid, -, -e
uovervinnelig, -, -e [uåvervineli]

på nett

9 C
oljeselskap, -et, -er, -ene [åljeselskap]
ingeniør, -en, -er, -ene [inienjør]
sykehus, -et, -, -ene
sport, -en
fotball, -en, -er, -ene
håndball, -en, -er, -ene [hånbal]
trening, -a/-en, -er, -ene [treniŋ]
venninne, -a/-en, -er, -ene
serie, -en, -er, -ene

passe på, passer på

utenlandsk, -, -e
latvisk, -, -e
amerikansk, -, -e
hver, -t [vær]

henne
lenge [*leŋe*]
noen ganger [*gaŋer*]
den
foran [*fåran*]

9 D
program, -met, -mer, -mene

pleie, -er [*plæie*]
diskutere, -er

trøtt, -, e

jo
deretter [*dæreter*]
vel
etterpå
seinere

Jeg vet ikke.
For en dag! [*får en dag*]

UTTALE
seng, -a/-en, -er, -ene [*seŋ*]

ta med, tar med [*ta me*]

GRAMMATIKK
framtid, -a/-en
futurum
eiendomspronomen, -et, -er, -ene
min, mi/min, mitt, mine
din, di/din, ditt, dine
hans, -, -
hennes, -, -
vår, -t, -e [*vårt*]
deres, -, -

gammel, -t, gamle

SAMFUNNSFAG
nordmann, -en, nordmenn, nordmennene
[*norman*]
dagsavis, -a/-en, -er, -ene
lokalavis, -a/-en, -er, -ene
TV-kanal, -en, -er, -ene
lisens, -en, -er, -ene
reklame, -en, -er, -ene
mening, -a/-en, -er, -ene [*meniŋ*]
hjemsted, -et, -er, -ene [*jemste*]
bruk, -en
massemedium, -mediet, -medier, -media/-
mediene
prosent, -en, -er, -ene
befolkning, -en, -er, -ene [*befålkniŋ*]
radio, -en, -er, -ene
fjernsyn, -et, -, -ene [*fjærnsyn*]

flere
statlig, -, -e [*statli*]
viktig, -, -e [*vikti*]
finansiert, -, -e; reklamefinansiert
sterk, -t, -e [*stærk*]
ulik, -t, -e

hver dag [*vær dag*]

10 A-B
sykehjem, -met, -, -mene [*sykejem*]
billett, -en, -er, -ene
en voksen (voksenbillett) [*våksen*]
en barn (barnebillett) [*barn*]

løpe, -er

gratis, -, -

dit
km = kilometer [*çilometer*]
min = minutter
tur-retur

Hvor langt ... ? [*vor laŋt* ...]
Hvor lang tid tar ...?

10 C

lillebror, -en, småbrødre, småbrødrene
formiddag, -en, -er, -ene [*fårmidag*]
tante, -a/-en, -er, -ene
bestemor, -a/-en, -mødre, -mødrene

ha fri, har fri
flytte, -er

fri, -tt, -e

på vei [*væi*]
hit

10 D

jernbanestasjon, -en, -er, -ene
    [*jærnbanestaʃon*]
ettermiddag, -en, -er, -ene
reisebyrå, -et, -er, -ene [*ræisebyrå*]
plass, -en, -er, -ene
retur, -en, -er, -ene
flyplass, -en, -er, -ene

dra, -r
slå, -r
bestille, -er
reservere, -er
skifte, -er [*ʃifte*]

nødvendig, -, -e [*nødvendi*]
mulig, -, -e

tilbake
kontant
innen

God tur!
Er det mulig? [*ær de muli*]
Det går greit.

Transport

bil, -en, -er, -ene
buss, -en, -er, -ene
båt, -en, -er, -ene
sykkel, -en, -ler, -lene
taxi, -en, -er, -ene [*tæksi*]
trikk, -en, -er, -ene
T-bane, -en, -er, -ene [*tebane*]
drosje, -a/-en, -er, -ene [*dråʃe*]
tog, -et, -, -ene [*tåg*]
fly, -et, -, -ene

UTTALE

stue, -a/-en, -er, -ene

ORD OG UTTRYKK

ta fly / fly, tar fly / flyr

SAMFUNNSFAG

luftlinje, -a/-en, -er, -ene
fjell, -et, -, ene
fjord, -en, -er, -ene [*fjor*]
bro, -a/-en, -er, -ene
tunnel, -en, -er, -ene
øy, -a, -er, -ene
vei, -en -er, -ene
jernbanelinje, -a/-en, -er, -ene [*jærnbanelinje*]
bilferie, -en, -er, -ene
natur, -en
nasjonalpark, -en, -er, -ene [*naʃonalpark*]
dyreliv, -et
rute, -a/-en, -er, -ene

bygge, -er
kjenne, -er [*çene*]

lang, -t, -e [*laŋ*]
høy, -t, -e
dyp, -t, -e

liten, lita/liten, lite, små
tung, -t, -e [*toŋ*]
vakker, -t, vakre
spennende, -, - [*spenene*]
variert, -, -e [*variert*]

sør
nord [*nor*]
langs kysten [*laŋs çysten*]
tusenvis
utenfor [*utenfår*]
gjennom [*jenom*]
for [*får*]

11 A-B
luft, -a/-en
søvn, -en

trene, -er, har trent
gå, -r, har gått
sitte, -er, har sittet
ta, -r, har tatt
stresse, -er, har stresset
være, er, har vært
gjøre, gjør, har gjort [*jort*]
ha, -r, har hatt

frisk, -t, -e

nok [*nåk*]
for mye
på trening [*treniŋ*]

11 C
treningsstudio, -et, -er, -ene [*treniŋsstudio*]
prøvetime, -en, -er, -ene
barnevakt, -a/-en, -er, -ene [*barnevakt*]
beskjed, -en, -er, -ene [*beʃe*]

treffe, -er, har truffet [*trofet*]
se, -r, har sett

holde, -er, -har holdt; holde seg i form
    [*håle sæi i fårm*]
spille, -er, har spilt
komme, -er, har kommet
reise, -er, har reist
trenge, -er, har trengt [*treŋe*]

forkjøl(e)t, -, forkjølte [*fårçøl(e)t, fårçølte*]
syk, -t, -e
sånn, sånt, sånne
frisk, -t, -e

ellers
forresten

Hyggelig å se deg!
Sier du det?
Det er sant.
Jaså.
God bedring! [*go bedriŋ*]

11 D
hodepine, -a/-en
pause, -en, -er, -ene
tablett, -en, -er, -ene; hodepinetablett
apotek, -et, -, -ene
nesespray, -en

ligge, -er, har ligget
smitte, -er, har smittet
legge, -er, har lagt; legge seg
tenke, -er, har tenkt [*teŋke*]
sovne, -er, har sovnet [*såvne*]

innom [*inåm*]
jo

UTTALE
bort

morn [*mårņ*]

GRAMMATIKK

fortid, -a/-en [fårtid]

nåtid, -a/-en

verbgruppe, -a/-en, -er, -ene [værbgrupe]

ski, -a/-en, -, -ene; gå på ski [ʃí]

bade, -er, har badet

uregelrett, -, -e

ORD OG UTTRYKK

Takk i like måte

SAMFUNNSFAG

smerte, -en, -er, -ene [smærte]

smertestillende, -, - [smærtestilene]

Kroppen [kråpen]

arm, -en, -er, -ene

fot, -en, føtter, føttene

hals, -en, -er, -ene

hånd, -a/-en, hender, hendene [hån]

legg, -en, -er, -ene

mage, -en, -er, -ene

munn, -en, -er, -ene

nese, -a/-en, -er, -ene

rygg, -en, -er, -ene

skulder, skuldra/skulderen, skuldrer,
    skuldrene

bein, -et, -, -a [bæin]

bryst, -et, -, -ene

hode, -et, -er, -ene

kne, -et, knær, knærne

lår, -et, -, -ene

øre, -et, -er, -ene

øye, -et, øyne, øynene

---

12 A-B

tilbud, -et, -, -ene

huske, -er, husket, har husket

kjøpe, -er, kjøpte, har kjøpt [çøpe]

handle, -er, handlet, har handlet

i går

pr. = per [pær]

stk. = stykk

Mat

brød, -et [brø]

    loff, -en, -, -ene

    grovbrød, -et, -, -ene [gråvbrø]

fisk, -en

    torsk, -en, -er, -ene [tåʃk]

frukt, -en

    drue, -a/-en, -er, -ene

grønnsaker, -sakene

    tomat, -en, -er, -ene

    agurk, -en, -er, -ene

    salat, -en

    paprika, -en, -er, -ene

    potet, -a/-en, -er, -ene

kjøtt, -et [çøt]

    kylling, -en, -er, -ene [cyliŋ]

    kjøttkake, -a/-en, -er, -ene [çøtkake]

    pølse, -a/-en, -er, -ene

melk, -a/-en

    helmelk

    lettmelk

    skummetmelk [skometmelk]

pasta, -en

    spagetti, -en

olje, -en [ålje]

ris, -en

smør, -et

margarin, -en

snop, søtsaker, godteri [gåteri]

---

12 C

hjemvei, -en [*jemvæi*]
fruktdisk, -en, -er, -ene
grønnsakdisk, -en, -er, -ene
frysedisk, -en, -er, -ene
torsk, -en, -er, -ene [*tåʃk*]
kjøledisk, -en, -er, -ene [*çøledisk*]
brødhylle, -a/-en, -er, -ene [*brøhyle*]
bærepose, -en, -er, -ene

hoste, -er, -et, -et
gå, -r, gikk, har gått
få, -r, fikk, har fått
putte, -er, puttet, har puttet
bli, -r, ble, har blitt

frossen, -t, frosne [*fråsen*]
fersk, -t, -e [*fæʃk*]
forbauset, -, -e [*fårbæuset*]
lettet, -, -

i stedet [*i stede*]
best
ett
én
ved [*ve*]
ned
virkelig [*virkeli*]
heldigvis [*heldivis*]

Tenk at ...

GRAMMATIKK

perfektum [*pærfektum*]
preteritum

SAMFUNNSFAG

> **Dagens måltider fra morgen til kveld**
> frokost, -en, -er, -ene [*frokåst*]
> formiddagsmat, -en [*fårmidagsmat*]
> lunsj, -en, -er, -ene [*lønʃ*]
> middag, -en, -er, -ene
> ettermiddagskaffe, -en
> kveldsmat, -en *el.* kvelds, -en [*kvelsmat*]

pålegg, -et, -, -ene
samboer, -en, -e, -ne

prate, -er, pratet, har pratet

forskjellig, -, -e [*fårʃeli*]

i tolvtida [*i tåltia*]

sin, si/sin, sitt, sine

> **Dagen**
> morgen, -en, -er, -ene (ca. 06–10)
> formiddag, -en, -er, -ene (ca. 10–12)
> ettermiddag, -en, -er, -ene (ca. 15–18)
> kveld, -en, -er, -ene (ca. 19–24)

13 A

> **Yrker**
> baker, -en, -e, -ne
> bilmekaniker, -en, -e, -ne
> fisker, -en, -e, -ne
> fysioterapeut, -en, -er, -ene [*fysioterapæut*]
> industriarbeider, -en, -e, -ne
> lege, -en, -er, -ene

lærer, -en, -e, -ne
prest, -en, -er, -ene
sykepleier, -en, -e, -ne
tannlege, -en, -er, -ene

yrke, -et, -er, -ene
verksted, -et, -er, -ene [værkste]
oljeindustri, -en [åljeindustri]
plattform, -en, -er, -ene [platfårm]
utdanning, -a/-en [utdaniŋ]
fiskeskøyte, -a, -er, -ene [fiskeʃøyte]
sjø, -en [ʃø]
kirke, -a/-en, -er, -ene [çirke]
student, -en, -er, -ene
matematikk, -en

studere, -er, -te, -t

arbeidsledig, -, -e [arbæidsledi]

ikke så verst [ike så værst]
ved sjøen [ve ʃøen]
velkommen, -t, velkomne [velkåmen]

13 B

elev, -en, -er, ene
asyl, -et, -er, -ene
ting, -en, -, -ene [tiŋ]
bakeri, -et, -er, -ene
kollega, -en, -er, -ene
skift, -et, -, -ene [ʃift]
arbeidstid, -a/-en, -er, -ene
arbeidskontor, -et, -er, -ene

flykte, -er, -et, -et
lære, -er, -te, -t
måtte, må, måtte, måttet
stenge, -er, -te, -t [steŋe]
miste, -er, -et, -et
melde, -er, -te, -t [mele]

ha, -r, hadde, hatt; ha rett
øve, -er, øvde, har øvd
håpe, -er, -et, -et

politisk, -, -e
heldig, -, -e [heldi]
tidlig, -, -e [tili]
ung, -t, -e [oŋ]

seg selv [sæi sel]
på grunn av
om ettermiddagen
mer
ganske
som lærer [såm lærer]
igjen [ijen]

13 C

praksisplass, -en, -er, -ene
arbeidsdag, -en, -er, -ene
avdeling, -a/-en, -er, -ene [avdeliŋ]
menneske, -et, -er, -ene
par, -et, -, -ene; et par uker
barnebarn, -et, -, -a [barnebarn]
oldebarn, -et, -, -a [åldebarn]

re opp, rer opp, redde opp, har redd opp
[re åp]

GRAMMATIKK

bolle, -en, -er, -ene [båle]
horn, -et, -, -ene [horn]
fest, -en, -er, -ene

bake, -er, -te, -t
starte, -er, -et, -et [starte]

ORD OG UTTRYKK

hjemland, -et, -, -ene [jemlan]

reparere, -er, -te, -t

undervise, -er, -te, -t [_unervise_]

bli, blir, ble, blitt; bli glad i [_gla_]

danse, -er, -et, -et

travel, -t, travle

fordi

SAMFUNNSFAG

heltidsarbeid, -et

hagearbeid, -et

kvinne, -a/-en, -er, -ene

husarbeid, -et

forelder, -en, foreldre, foreldrene [_fårelder_]

ungdom, -men, -mer, -mene [_ondåm_]

pensjonist, -en, -er, -ene [_panſonist_]

støvsuge, -er, -sugde, -sugd

dele på noe

yrkesaktiv, -t, -e

ca. = cirka [_sirka_]

og liknende [_å liknene_]

i tillegg

begge

14 A-B

fritid, -a/-en [_friti_]

gjest, -en, -er, -ene [_jest_]

hund, -en, -er, -ene [_hun_]

sy, -r, -dde, -dd

strikke, -er, -et, -et

fotografere, -er, -te, -t

svømme, -er, svømte, svømt

jogge, -er, -et, -et [_jåge_]

interessert, -, -e; interessert i [_intresert_]

> **Sport**
>
> badminton, -en [_bædmiŋtn_]
>
> fotball, -en
>
> friidrett, -en
>
> golf, -en [_gålf_]
>
> håndball, -en
>
> ishockey, -en [_ishåki_]
>
> judo, -en
>
> langrenn, -et [_laŋren_]
>
> maraton, -en
>
> sandvolleyball, -en [_sanvålibal_]
>
> seiling, -en [_sæiliŋ_]
>
> skøyter [_ʃøyter_]
>
> slalåm, -en
>
> svømming, -a/-en [_svømiŋ_]
>
> tennis, -en

14 C

øvelse, -en, -er, -ene; på øvelse

band, -et, -, -ene [_bæn_]

saksofon, -en, -er, -ene

bryllup, -et, -, -ene

dans, -en, -er, -ene

CD, -en, -er, -ene [_sede_]

swing-kurs, -et, -, -ene [_sviŋkurs_]

voksenkontakt, -en

rekke, -er, rakk, rukket [_roket_]

musikalsk, -, -e

glad i

isolert, -, -e [_isolert_]

veldig [_veldi_]

jaså

14 D

kamerat, -en, -er, -ene

besøk, -et, -, -ene; på besøk

holde på å ... [håle på å ...]
mekke, -er, -et, -et
spare, -er, -te, -t
bestemme, -er, bestemte, bestemt
stoppe, -er, -et, -et [ståpe]
invitere, -er, -te, -t

Jeg gleder meg. [jæi gleder mæi]

14 E

husmor, -a/-en, -mødre, -mødrene
morsmål, -et, -, -ene [morsmål]
øvelse, -en, -er, -ene
barneklær, -ne [barneklær]

slitsom, -t, -me [slitsåm]
kjedelig, -, -e [çedeli]

om fire måneder [åm fire måner]
om dagen
derfor [dærfår]

GRAMMATIKK

i fjor

ORD OG UTTRYKK

medlem, -met, -mer, -mene
idrettsklubb, -en, -er, -ene
hobby, -en, -er, -ene [håbi]

drive, -er, drev, drevet; drive med

SAMFUNNSFAG

matlaging, -a/-en [matlagiŋ]
skolealder, -en
aktivitet, -en, -er, -ene

dra, -r, dro, dratt; dra på tur
stille, -er, stilte, stilt; stille opp

stadig flere [stadi flere]
de fleste
alt
felles for alle
fort [fort]
hvis [vis]

15 A-C

telefon, -en, -er, -ene
telefonsamtale, -en, -er, -ene
helg, -a/-en, -er, -ene
diskotek, -et, -er, -ene
mord, -et, -, -ene [mord]
heis, -en, -er, -ene [hæis]
pizza, -en, -er, -ene [pitsa]
avtale, -en, -er, -ene
mobiltelefon, -en, -er, -ene

høre, -er, -te, -t
greie, -er, greide, greid [græie]
glemme, -er, glemte, glemt
ringe, -er, -te, -t [riŋe]
skulle, skal, skulle, skullet
plystre, -er, -et, -et
hende, -er, hendte, hendt [hene]

stengt, -, -e [steŋt]
åpen, -t, åpne

noen
så (= deretter)
neste helg
egentlig [egentli]
i sentrum
så (= derfor)
plutselig [plutseli]

Et øyeblikk!
Vent litt!
Livet er ikke så verst! [værst]
så ... at

GRAMMATIKK
til slutt

ORD OG UTTRYKK
ta i mot en beskjed

SAMFUNNSFAG
Gro Harlem Brundtland
begynnelse, -en, -er, -ene;
   i begynnelsen [*bejynelse*]
livssituasjon, -en, -er, -ene [*livssituasjon*]
rettighet, -en, -er, -ene [*retihet*]
abort, -en, -er, -ene [*abårt*]
lov, -en, -er, -ene [*låv*]
svangerskap, -et, -, -ene [*svanerskap*]
regjering, -a/-en, -er, -ene [*rejerin*]
miljøvernminister, -en, -e/-ministre,
   -ne/-ministrene [*miljøværnminister*]
statsminister, -en, -e/-ministre,
   -ne/-ministrene
periode, -en, -er, -ene [*pæriode*]
president, -en, -er, -ene
WHO [*dåbelt-ve hå o*] = World Health
   Organization (Verdens helseorganisasjon)
verden, -en, -er, -ene [*værden*]

bli født, -r født, ble født, har blitt født [*føt*]
engasjere, -er, -te, -t; engasjere seg [*engasjere*]
beholde, -er, beholdt, beholdt [*behåle*]
markere, -er, -te, -t
kjempe, -er, -et, -et [*çempe*]
bli valgt, -r valgt, ble valgt, har blitt valgt

utdannet, -, -e
spesiell, spesielt, spesielle
selvbestemt, -, -e [*selbestemt*]
internasjonal, -t, -e [*internasjonal*]

som [*såm*]
inntil

Thor Heyerdahl
folk, -et, -, -ene [*fålk*]
del, -en, -er, -ene
hav, -et, -, -ene
forsker, -en, -ere, -erne [*fårsker*]
teori, -en, -er, -ene
flåte, -en, -er, -ene
balsatre, -et, -trær, -trærne
båt, -en, -er, -ene
sivbåt, -en, -er, -ene

finne, -er, fant, funnet; finne ut
leve, -er, -de, -d
mene, -er, -te, -t
vise, -er, -te, -t
kunne, kan, kunne, kunnet
bygge, -er, bygde, bygd
seile, -er, -te, -t [*sæile*]
dø, -r, døde, dødd

nysgjerrig, -, -e [*nysjæri*]
beskjeden, -t, beskjedne [*besjeden*]
useriøs, -t, -e [*useriøs*]

over hav
over land

16 A-B
leilighet, -en, -er, -ene [*læilihet*]
rom, -met, -, -mene
leie, -a/-en, -er, -ene [*læie*]
kvadratmeter, -en, -e, -ne
dusj, -en, -er, -ene [*dusj*]
WC, -en, -er, -ene [*vese*]
balkong, -en, -er, -ene [*balkån*]

leie, -er, leide, leid [*læie*]

moderne, -, - [*modærne*]
møblert, -, -e [*møblert*]

Rommene i en leilighet
do, -en, -er, -ene
entré, -en, -er, -ene [antre]
gang, -en, -er, -ene [gan]
stue, -a/-en, -er, -ene
bad, -et, -, -ene
kjøkken, -et, -, -ene [çøken]
soverom, -met, -, -mene [såverom]
toalett, -et, -er, -ene

Etasjer
kjeller, -en, -e, -ne [çeler]
loft, -et, -, -ene [låft]

i måneden = per måned

Hvor høy ...? [vor]
Hvor mange ...?

Boliger
enebolig, -en, -er, -ene [eneboli]
hybel, -en, hybler, hyblene
villa, -en, -er, -ene
blokk, -a/-en, -er, -ene [blåk]
hytte, -a, -er, -ene
hus, -et, -, -ene
rekkehus, -et, -, -ene

16 C-E
blokkleilighet, -en, -er, -ene [blåklæilihet]
arbeidsrom, -met, -, -mene
bolig, -en, -er, -ene [boli]
tomt, -a/-en, -er, -ene [tåmt]
hage, -en, -er, -ene
utsikt, -en, -er, -ene
etasje, -en, -er, -ene [etaʃe]

visning, -en, -er, -ene [visnin]
eiendomsmegler, -en, -e, -ne
    [æiendåmsmekler]
annonse, -en, -er, -ene [anånse]
mål, -et, -, -ene
tre, -et, trær, trærne
plen, -en, -er, -ene
eier, -en, -e, -ne [æier]
slektning, -en, -er, -ene [slektnin]
bakside, -a/-en, -er, -ene
skap, -et, -, -ene
kjøkkenbenk, -en, -er, -ene
    [çøkenbenk]
vegg, -en, -er, -ene
badekar, -et, -, -ene
vann, -et, -, -ene
dobbeltseng, -a/-en, -er, -ene
    [dåbeltsen]
kommode, -en, -er, -ene
teppe, -et, -er, -ene
møbel, -et, møbler, møblene
fritidsproblem, -et, -er, -ene

stemme, -er, -te, -t
ta, -r, tok, tatt
selge, -er, solgte, solgt [sele] [sålkte]
la, -r, lot, latt; la være
male, -er, -te, -t
ordne, -er, -et, -et [årdne]
smile, er, -te, -t

trang, -t, -e [tran]
nervøs, -t, -e [nærvøs]
koselig, -, -e [koseli]
nydelig, -, -e [nydeli]
skitten, -t, skitne [ʃiten]
stille, -, -

før
akkurat passe
dessuten

til salgs

i alle fall

i dårlig stand [*i dårli stan*]

på landet [*på lane*]

inn

over [*åver*]

passe stort

mot

GRAMMATIKK

preposisjon, -en, -er, -ene [*preposisjon*]

stol, -en, -er, -ene

stasjon, -en, -er, -ene [*stasjon*]

personlig pronomen, -et, -er, -ene [*pærsonli*]

SAMFUNNSFAG

alkohol, -en

tobakk, -en [*tobak*]

hjem, -met, -, -mene [*jem*]

kultur, -en, -er, -ene

fast, -, -e; fast jobb

praktisk, -, -e

så snart

ha råd til

rundt seg [*runt sæi*]

17 A-B

månedskort, -et, -, -ene

busstasjon, -en, -er, -ene [*busstasjon*]

morgentog, -et, -, -ene [*mårentåg*]

nattog, -et, -, -ene

restaurant, -en, -er, -ene [*resturaŋ*]

vogn, -a/-en, -er, -ene; restaurantvogn [*vågn*]

plassbillett, -en, -er, -ene

forsinkelse, -en, -er, -ene [*fårsinkelse*]

rabattkort, -et, -, -ene [*rabatkårt*]

denne, dette, disse

framme

ved skolen

midt på dagen [*mit*]

ikke-røyker, -en, -e, -ne

Når går ...?

neste buss

siste buss

17 C

vindu, -et, -er, -ene

innsjekking, -a/-en, -er, -ene [*inʃekiŋ*]

kolli, -et, -/-er, -ene [*kåli*]

kaptein, -en, -er, -ene

landing, -a/-en, -er, -ene [*laniŋ*]

bakke, -en, -er, -ene

røyke, -er, -te, -t

sikker, -t, sikre

på bakken

fort

Uff!

Det går sikkert bra.

Det er forbudt. [*fårbut*]

GRAMMATIKK

påpekende pronomen, -et, -er, -ene
    [*påpekene pronomen*]

drosje, -a/-en, -er, -ene [*dråʃe*]

annenhver [*anenvær*]

ORD OG UTTRYKK

veske, -a/-en, -er, -ene

skilt, -et, -, -ene [*ʃilt*]

SAMFUNNSFAG

Hurtigruten

gods, -et [*gots*]

middel, -et, midler, midlene

transport, -en [*transpårt*]
kommunikasjon, -en [*komunikaʃon*]
halvår, -et, -, -ene [*halår*]
dekk, -et, -, -ene
drøm, -men, -mer, -mene
skip, -et, -, -ene [*ʃip*]
minne, -et, -er, -ene

frakte, -er, -et, -et
servere, -er, -te, -t
følge, -er, fulgte, fulgt [*føle*]

hurtig, -, -e [*hurti*]

nordover [*noråver*]
sørover [*søråver*]
i våre dager
helt
med tanke på
likevel
et minne for livet

18 A-B
sandvolleyball, -en [*sanvålibal*]

tore/tørre, tør, torde, tort

kjempekald, -t, -e [*çempekal*]
super, -t, supre
herlig, -, -e [*hærli*]
bratt, -, -e

moro

For et vær!
For en nydelig dag! [*får en nydeli dag*]
ikke sant?
Kom igjen! [*kåm ijen*]

18 C
skitur, -en, -er, -ene [*ʃitur*]

idé, ideen, ideer, ideene
kakao, -en
stav, -en, -er, -ene
is, -en
parkeringsplass, -en, -er, -ene
bevegelse, -en, -er, -ene
bakke, -en, -er, -ene
fjes, -et, -, -ene
solkrem, -en

våkne, -er, -et, -et
spørre, spør, spurte, spurt
vekke, -er, -et, -et
smøre, -er, smurte, smurt [*smurte*]
skrape, -er, -te, -t
starte, -er, -et, -et [*starte*]
renne, -er, rente, rent
drikke, -er, drakk, drukket [*drokket*]
møte, -er, møtte, møtt
svare, -er, -te, -t

glatt, -, -e
isete, -, -
utålmodig, -, -e [*utålmodi*]
lun, -t, -e
sulten, -t, sultne
blid, -t, -e [*bli*]
solbrent, -, -e

vondt [*vont*]
rød som ...
på fjellet
i nærheten
opp [*åp*]
hver gang [*vær gaŋ*]
helt ned

GRAMMATIKK
leddsetning, -en, -er, -ene
indirekte tale

ORD OG UTTRYKK

unge, -en, -er, -ene [_oŋe_]

sur, -t, -e

våken, -t, våkne

SAMFUNNSFAG

same, -en, -er, -ene

urbefolkning, -en, -er, -ene [_urbefålkniŋ_]

halvøy, -a/-en, -er, -ene [_haløy_]

status, -en

flagg, -et, -, -ene

reindrift, -a/-en [_ræindrift_]

flokk, -en, -er, -ene [_flåk_]

reinsdyr, -et, -, -a/-ene [_ræinsdyr_]

kommune, -en, -er, -ene

innbygger, -en, -e, -ne

hovedområde, -et, -er, -ene

barneskole, -en, -er, -ene [_barneskole_]

internatskole, -en, -er, -ene

sang, -en, -er, -ene [_saŋ_]

joik, -en, -er, -ene [_jåik_]

tilhørighet, -en [_tilhørihet_]

klesdrakt, -en, -er, -ene

språk, -et, -, -ene

parlament, -et, -er, -ene

Sametinget [_sametiŋet_]

valg, -et, -, -ene

beitemark, -a/-en, -er, -ene [_bæitemark_]

kappkjøring, -a/-en, -er, -ene [_kapçøriŋ_]

leve, -er, levde, levd; leve av

forandre, -er, -et, -et; forandre seg

gjelde, -er, gjaldt, gjeldt [_jele, jalt, jelt_]

samisk, -, -e

egen, eget, egne

karakteristisk, -, -e

etnisk, -, -e

faktisk

omkring [_åmkriŋ_]

19 A-B

toalett, -et, -/-er, -ene

utgang, -en, -er, -ene [_utgaŋ_]

nødutgang, -en, -er, -ene

inngang, -en, -er, -ene [_ingaŋ_]

fare, -en, -er, -ene

ras, -et, -, -ene

lys, -et, -, -ene

parkere, -er, -te, -t

gå over veien [_åver_]

opptatt, -, - [_åptat_]

forsiktig, -, -e [_fårsikti_]

rett fram

over = mer enn [_åver_]

km/time [_çilometer_]

Røyking forbudt!

Adgang forbudt! [_adgaŋ fårbut_]

Gratulerer med ny bil!

Så fin ... du har!

19 C

bruktbil, -en, -er, -ene

merke, -et, -er, -ene [_mærke_]

avbetaling, -a/-en [_avbetaliŋ_]

hestekrefter, hestekreftene

mil, -a/-en, -, -ene

sammenlikne, -er, -et, -et

prøvekjøre, -er, -te, -t [_prøveçøre_]

dra, -r, dro, dratt (= reise)

ruste, -er, -et, -et

komfortabel, -t, komfortable

japansk, -, -e

engstelig, -, -e [*engsteli*]
uforsiktig, -, -e [*ufårsikti*]

omtrent [*åmtrent*]
som [*såm*]
endelig [*endeli*]
i god stand [*i go stan*]
for fort [*får fort*]

19 D
trafikk, -en
ball, -en, -er, -ene
fartskontroll, -en, -er, -ene [*fartskontrål*]

mase, -er, -te, -t
teste, -er, -et, -et

redd, -, -e
fryktelig, -, -e [*frykteli*]
smal, -t, -e
stilig, -, -e [*stili*]

ingen [*ingen*]
her ute
altfor

Det er ikke lov ... [*de ær ike låv ...*]

19 E
radar, -en, -er, -ene
politi, -et
politikonstabel, -en, -konstabler,
    -konstablene
vognkort, -et, -, -ene [*vågnkårt*]
bot, -en, bøter, bøtene; fartsbot

ødelegge, -er, ødela, ødelagt
vinke, -er, -et, -et; vinke på ...; vinke inn ...
    [*vinke*]
rulle, -er, -et, -et; rulle ned vinduet
vedta, -r, vedtok, vedtatt [*veta*]

riktig, -, -e [*rikti*]

sannsynligvis [*sansynlivis*]
uten

Så mye?

ORD OG UTTRYKK
tøffel, -en, tøfler, tøflene

angre, -er, -et, -et [*angre*]
få mye for pengene [*få mye får pengene*]
bli lurt [*lurt*]

fornøyd, -, -e [*fårnøyd*]
elendig, -, -e [*elendi*]

like ... som

SAMFUNNSFAG

Bilen
bensin, -en
motor, -en, -er, -ene
front, -en, -er, -ene [*frånt*]
rute, -a/-en, -er, -ene; bakrute; frontrute
    [*fråntrute*]
vindusvisker, -en, -e, -ne
støtfanger, -en, -e, -ne [*støtfanger*]
bagasjerom, -met, -, -mene [*bagasjerom*]
bilbelte, -et, -er, -ene
blinklys, -et, -, -ene
bremselys, -et, -, -ene
dekk, -et, -, -ene
ratt, -et, -, -ene
sete, -et, -er, -ene
speil, -et, -, -ene
dashbord, -et, -, -ene [*dæsjbor*]
girstang, -a/-en, -stenger, -stengene
    [*girstang*]

speedometer, -et, -/-metre, -metrene
   [spidometer]

blinke, -er, -et, -et
gire, -er, -et, -et
kjøre, -er, -te, -t; kjøre forbi [çøre]
parkere, -er, -te, -t
rygge, -er, -et, -et
svinge, -er, -te, -t [sviŋe]

nærlys, -et, -, -ene
sertifikat, -et, -er, -ene [særtifikat]
lapp, -en, -er, -ene
trafikkregel, -en, -regler, -reglene
ulykke, -a/-en, -er, -ene
myndighet, -en, -er, -ene [myndihet]
tilstand, -en, -er, -ene [tilstan]
medisin, -en, -er, -ene
fart, -en [fart]
fartsgrense, -a/-en, -er, -ene
strøk, -et, -, -ene
forhold, -et, -, -ene [fårhål]
trafikant, -en, -er, -ene
hovedregel, -en, -regler, -reglene
bilfører, -en, -e, -ne

forhindre, -er, -et, -et [fårhindre]

påbudt, -, - [påbut]
kjær, -t, -e
skadet, -, -e
edru, -, -e
påvirket, -, -e
tettbygd, -, -e

enn
i det hele tatt
fortere

20 A-C
vekkerklokke, -a/-en, -er, -ene [vekerklåke]
sønn, -en, -er, -ene
barneværelse, -et, -er, -ene [barneværelse]
håndkle, -et, håndklær, håndklærne [håŋkle]

stille, -er, stilte, stilt; stille klokka
barbere, -er, -te, -t; barbere seg
rope, -er, -te, -t
skynde, -er, skyndte, skyndt;
   skynde seg [ʃyne]
vaske, -er, -et, -et; vaske seg
pusse, -er, -et, -et; pusse tennene
tappe, -er, -et, -et; tappe i vann
tørke, -er, -et, -et
gre, -r, -dde, -dd
kle, -r, -dde, -dd; kle på seg [sæi]
vite, vet, visste, visst
koke, -er, -te, -t
sette, -er, satte, satt; sette seg
legge noe ned i veska
begynne på arbeid

brå, -tt, -
gal, -t, -e
ferdig, -, -e [færdi]
våt, -t, -e

på tide

uten å gjøre noe [jøre]

GRAMMATIKK
refleksiv, -t, -e
resiprok, -t, -e
hverandre
elske, -er, -et, -et

SAMFUNNSFAG
helsekontroll, -en, -er, -ene
kontroll, -en, -er, -ene [kontrål]

helsestasjon, -en, -er, -ene [ḥelsestaʃon]
helsesøster, -a/-en, -søstre, -søstrene
vaksine, -en, -er, -ene
utvikling, -a/-en [ụtvikliŋ]
vekst, -en
vekt, -a/-en
reaksjonsevne, -en, -er, -ene [reakʃọnsevne]
syn, -et
hørsel, -en [hørsel]
graviditet, -en, -er, -ene
innkalling, -a/-en, -er, -ene [ịnkaliŋ]
taushetsplikt, -a/-en

bli innkalt til …
få, -r, fikk, fått; få tilbud om
undersøke, -er, -te, -t [ụnersøke]
fylle, -er, fylte, fylt; fylle år
informere, -er, -te, -t [infǻrmẹre]
være opptatt av

normal, -t, -e
avhengig av

i nærheten av
i løpet av
til stede
under graviditet

21 A
feber, -en

holde på å … [hǻle på å …]
føle, -er, -te, -t; føle seg [sæi]
kaste, -er, -et, -et; kaste opp

se dårlig ut

21 B
praksis, -en, -er, -ene
klikk, -et, -, -ene
sengekant, -en, -er, -ene [seŋekant]

tåre, -en, -er, -ene
fastlege, -en, -er, -ene

lene, -er, -te, -t; lene seg over
skje, -r, -dde, -dd
holde, -er, holdt, holdt; holde på å falle
    (= nesten falle)
bøye, -er, bøyde, bøyd
reise, -er, -te, -t; reise seg
falle, -er, falt, falt
le, -r, lo, ledd
sprette, -er, spratt, sprettet
klare, -er, -te, -t
støtte, -er, -et, -et
svikte, -er, -et, -et

umulig, -, -e [umụli]
alvorlig, -, -e [alvǻrli]

opp av [åp av]
på alle fire
nok [nåk]

idet
akkurat nå

Det var leit.

21 C
time, -en, -er, -ene
legesenter, -et, -sentre, -sentrene
kink, -et, -, -ene [çink]
ventetid, -a/en

kraftig, -, -e [krafti]
full, fullt, fulle

helst
så … som …
før
selvsagt [selsakt]

Det gjør ikke noe.
Takk for hjelpen. [*jelpen*]

21 D
heis, -en, -er, -ene [*hæis*]
venteværelse, -et, -er, -ene
pasient, -en, -er, -ene
doktor, -en, -er, -ene [*dåktor*]
tur, -en, -er, -ene
benk, -en, -er, -ene
isjias, -en [*iʃas*]
hekseskudd, -et, -, -ene
sykemelding, -a/-en, -er, -ene [*sykemeliŋ*]
måte, -en, -er, -ene
resept, -en, -er, -ene

gå over
bevege, -er, -et, -et; bevege seg
ønske, -er, -et, -et

nedover

Stakkars deg!
Det blir ikke lett!

GRAMMATIKK
inne
oppe
nede
vekk

ORD OG UTTRYKK
tannpine, -a/-en
hull, -et, -, -ene
tann, -a/-en, tenner, tennene
fylling, -a/-en, -er, -ene [*fyliŋ*]
hostesaft, -a/-en
brille, -en, -er, -ene; bruke briller
stund, -en, -er, -ene [*stun*]
salve, -en, -er, -ene
vitamin, -en, -er, -ene

saks, -a/-en, -er, -ene
termometer, -et, -/-metre, -metrene
plaster, -et, -/plastre, plastrene
tysker, -en, -e, -ne
franskmann, -en, -menn, -mennene
amerikaner, -en, -e, -ne
skotte, -en, -er, -ene [*skåte*]

brygge, -er, -et, -et; brygge på noe
bruke, -er, -te, -t

smittsom, -t, -me [*smitsåm*]
bekymret, - , -e [*beçymret*]
pen, -t, -e

bedre

SAMFUNNSFAG
egenandel, -en, -er, -ene
ordning, -a/-en, -er, -ene [*årdniŋ*]
akutt, -, -e
ambulanse, -en, -er, -ene
skade, -en, -er, -ene
sår, -et, -, -ene
beinbrudd, -et, -, -ene [*bæinbrud*]

innføre, -er, -te, -t
skade, -er, -et, -et; skade seg

hvor stor
for eksempel
i orden [*i ården*]

22 A
bestefar, -en, -fedre, -fedrene
ferie, -en, -er, -ene; på ferie
politiker, -en, -e, -ne
politikk, -en
hotell, -et, -er, -ene
telt, -et, -, -ene

269

hilsen, -en, -er, -ene

klem, -men, -mer, -mene

kyss, -et, -, -ene [çys]

bruke opp

kjære ... (i brev) [çære]

kjekk, kjekt, kjekke [çek]

kjent, -, e [çent]

vennlig, -, -e [venli]

noen

22 B

sekstiårsdag, -en, -er, -ene [sekstiårsdag]

stil, -en, -er, -ene

bordplassering, -a/-en, -er, -ene [borplasering]

bonde, -en, bønder, bøndene [bone, bøner]

jordbruk, -et [jorbruk]

laks, -en, -er, -ene

jordbær, -et, -, -ene [jorbær]

fløte, -en

tale, -en, -er, -ene

person, -en, -er, -ene; hovedperson [pærʃon]

tradisjon, -en, -er, -ene [tradiʃon]

Bestikk

kniv, -en, -er, -ene

gaffel, -en, gafler, gaflene

skje, -a/-en, -er, -ene [ʃe]

    teskje

    barneskje

    spiseskje

---

takke, -er, -et, -et

savne, -er, -et, -et

vokse, -er, -te, -t [våkse]

skrive, -er, skrev, skrevet

kjenne, -er, kjente, kjent [çene]

hilse, -er, -te, -t; hilse velkommen [velkåmen]

se fram til

samle, -er, -et, -et; være samlet

flink, -t, -e

formell, formelt, formelle [fårmel]

sjenert, -, -e [ʃenert]

fremmed, -, -e

usikker, -t, -e

kjærlig, -, -e [çærli]

ganske godt

allerede

sist

en av de andre

litt av en/ei/et ...

kan dere tro

det er klart [klart]

imidlertid

mens

som oftest [såm åftest]

siden (= fordi)

ORD OG UTTRYKK

humør, -et

tid, -a/-en, -er, -ene; ha tid til

brygge, -a/-en, -er, -ene

sint, -, -e

lei seg

både ... og ... [både] [å]

SAMFUNNSFAG

vane, -en, -er, -ene

situasjon, -en, -er, -ene [situaʃon]

presang, -en, -er, -ene [presaŋ]

par, -et, -, -ene

gravstein, -en, -er, -ene [gravstæin]

Takk [t<u>a</u>k]

Takk for m<u>a</u>ten!

      for hj<u>e</u>lpen! [j<u>e</u>lpen]

      for <u>o</u>ss/m<u>e</u>g! [m<u>æi</u>]

      for i d<u>a</u>g!

      for <u>a</u>lt!

st<u>i</u>rre, -er, -et, et
<u>å</u>pne, -er, -et, -et
s<u>e</u>, -r, s<u>å</u>, s<u>e</u>tt; s<u>e</u> på
gj<u>e</u>spe, -er, -et, -et [j<u>e</u>spe]
b<u>e</u>, -r, b<u>a</u>, b<u>e</u>dt; være b<u>e</u>dt på f<u>e</u>st [b<u>e</u>t]

h<u>ø</u>flig, -, -e [h<u>ø</u>fli]
uh<u>ø</u>flig, -, -e
f<u>ei</u>l, -, - [f<u>æi</u>l]
f<u>e</u>rdig med … [f<u>æ</u>rdi]
i <u>o</u>rden (= <u>O</u> <u>K</u>)
sl<u>u</u>tt, -, -

fra f<u>ø</u>r
str<u>a</u>ks

23 A-B

f<u>o</u>toalbum, -et, -er, -ene
b<u>i</u>lde, -et, -er, -ene; yndlingsbilde
    [y<u>n</u>dli<u>n</u>sbilde]

Når t<u>o</u>k du …?

Sl<u>e</u>ktninger

s<u>ø</u>nn, -en, -er, -ene
d<u>a</u>tter, -a/-en, d<u>ø</u>tre, d<u>ø</u>trene

br<u>o</u>r, -en, br<u>ø</u>dre, br<u>ø</u>drene
s<u>ø</u>ster, -a/-en, s<u>ø</u>stre, s<u>ø</u>strene

b<u>e</u>stefar, -en, -fedre, -fedrene
b<u>e</u>stemor, -a/-en, -mødre, -mødrene

svigerfar, -en, -fedre, -fedrene
svigermor, -a/-en, -mødre, -mødrene

sv<u>o</u>ger, -en, -e, -ne [sv<u>å</u>ger]
sviger<u>i</u>nne, -a/-en, -er, -ene

<u>o</u>nkel, -en, onkler, onklene [<u>o</u>ŋkel]
t<u>a</u>nte, -a/en, -er, -ene

nev<u>ø</u>, -en, -er, -ene
ni<u>e</u>se, -a/-en, -er, -ene

f<u>e</u>tter, -en, -e, -ne
kus<u>i</u>ne, -a/-en, -er, -ene

23 C-D

l<u>e</u>nestol, -en, -er, -ene
s<u>o</u>fa, -en, -er, -ene
f<u>a</u>ng, -et, -, -ene; på f<u>a</u>nget [f<u>a</u>ŋ]
t<u>au</u>, -et, -, -ene [t<u>æu</u>]
<u>a</u>lbum, -et, -er, -ene
l<u>o</u>mmebok, -a/-en, -bøker, -bøkene

l<u>i</u>kne, -er, -et, -et; l<u>i</u>kne på [l<u>i</u>ŋne]
h<u>o</u>ppe, -er, -et, -et; hoppe t<u>au</u> [h<u>å</u>pe]
sl<u>a</u>nke, -er, -et, -et; sl<u>a</u>nke seg
s<u>o</u>le, -er, -te, -t; s<u>o</u>le seg
r<u>ø</u>dme, -er, -et, -et

sp<u>e</u>nt, -, -e
gr<u>å</u>, -tt, -(e)
r<u>a</u>r, -t, -e
kj<u>e</u>mpebra, -, - [ç<u>e</u>mpebra]
s<u>ø</u>t, -t, -e
kr<u>ø</u>llet/e, -/e, -e

l<u>i</u>ke før
n<u>e</u>mlig [n<u>e</u>mli]
til og med [til å me]

GRAMMATIKK

kort, -, -e [kårt]

i midten [miten]

SAMFUNNSFAG

tidspunkt, -et, -er, -ene [tidsponkt]

konfirmasjon, -en, -er, -ene [konfirmaſon]

alder, -en, -e/aldrer, -ne/aldrene; lavalder

grunnskole, -en, -er, -ene

moped, -en, -er, -ene

motorsykkel, -en, -sykler, -syklene;
   lett motorsykkel

prevensjon, -en [prevanſon]

samtykke, -et

viten, -en

stemmerett, -en

sigarett, -en, -er, -ene

Vinmonopolet

brennevin, -et

pensjon, -en, -er, -ene; alderspensjon,
   tilleggspensjon [panſon]

konfirmere, -er, -te, -t; konfirmere seg

velge, -er, valgte, valgt

holde, -er, holdt, holdt;
   kan holdes ansvarlig [håle]

stille, -er, -te, -t; kan stilles

dømme, -er, -te, -t; kan dømmes

øvelseskjøre, -er, -te, -t [øvelsesçøre]

gifte, -er, -et, -et; gifte seg [jifte sæi]

obligatorisk, -, -e

konfirmert, -, -e

borgerlig, -, -e

frivillig, -, -e [frivili]

kriminell, kriminelt, kriminelle

strafferettslig, -, -e

ansvarlig, -, -e [ansvarli]

seksuell, seksuelt, seksuelle;
   seksuell omgang [åmgaŋ]

myndig, -, -e [myndi]

enten ... eller ...

videre

yrkesrettet videregående studieretning

allmennfaglig studieretning
   [almenfagli studieretniŋ]

24 A

teater, -et, teatre, teatrene

kamp, -en, -er, -ene; fotballkamp

svømmehall, -en, -er, -ene

utrolig, -, -e [utroli]

interessant, -, -e [interesaŋ]

romantisk, -, -e

sentimental, -t, -e

kjempegod, -t, -e [çempego]

meget

svært [svært]

middels

på byen

24 B-C

lag, -et, -, -ene; jentelag

møte, -et, -er, -ene

fagforening, -a/-en, -er, -ene [fagforeniŋ]

aktivitetsdag, -en, -er, -ene

korps, -et, -, -ene [kårps]

korpsøving, -a/-en, -er, -ene [kårpsøviŋ]

konsert, -en, -er, -ene [konsært]

gymsal, -en, -er, -ene

instrument, -et, -er, -ene

fotballbane, -en, -er, -ene

landslagsspiller, -en, -e, -ne

ansvar, -et

være lenge oppe [leŋe]

varme, -er, -et, -et; varme opp

starte, -er, -et, -et

være lei av å ... [læi]

løpe, -er, løp, løpt; løpe rundt
tisse, -er, -et, -et
tape, -er, -te, -t
ta ... i hånden [hånen]
vinne, -er, vant, vunnet

mot
like gamle
på plass
fram og tilbake
Så synd! [syn]
Jøss!

ORD OG UTTRYKK
med en gang [gaŋ]
hjemme hos ... [jeme]
om en time

SAMFUNNSFAG
turnering, -a/-en, -er, -ene;
    fotballturnering [turneriŋ]
sportsklubb, -en, -er, -ene
slette, -a, -er, -ene
bakgrunn, -en, -er, -ene
gatebarn, -et, -, -a [gatebarn]
slum, -men
fellesskap, -et, -, -ene
organisasjon, -en, -er, -ene [organisaʃon]
pris, -en, -er, -ene

arrangere, -er, -te, -t; bli arrangert [araŋʃere]
finne, -er, fant, funnet; finne sted
delta, -r, -tok, -tatt
bestå, -r, besto, bestått; bestå av
samarbeide, -er, -et, -et

sosial, -t, -e
brasiliansk, -, -e
fargerik, -t, -e
nasjonal, -t, -e [naʃonal]

i slutten av ...
i begynnelsen av ... [bejynelsen]
på tvers av [tværs]

25 A
meny, -en, -er, -ene
forrett, -en, -er, -ene [fåret]
hovedrett, -en, -er, -ene
dessert, -en, -er, -ene [desær]

smake, -er, -te, -t

Mat
aspargessuppe, -a/-en, -er, -ene
kalkun, -en, -er, -ene
krem, -en
    multekrem
    riskrem
kake, -a/en, -er, -ene
    eplekake
    iskake
ribbe, -a/-en, -er, -ene
pai, -en, -er, -ene
pinnekjøtt, -et [pineçøt]

---

grillet mat
kokt mat
røykt mat
stekt mat

---

25 B-D
blanding, -a/-en, -er, -ene [blaniŋ]
julaften, -en, -er, -ene
julemat, -en
blandingsmeny, -en, -er, -ene [blaniŋsmeny]
kelner, -en, -e, -ne
medisterpølse, -a/-en, -er, -ene

porsjon, -en, -er, -ene [porsjon]
tallerken, -en, -er, -ene [talærken]
«spare-ribs» [sper-ribs]

bestemme seg for [sæi får]
bestille, -er, -te, -t; bestille bord [bor]
grille, -er, -et, -et

tradisjonell, tradisjonelt, tradisjonelle
    [tradisjonel]
konservativ, -t, -e [konsærvativ]
alkoholfri, -tt, -e

alt i alt
la meg se
forrige lørdag [fårje lørdag]
et bord for to
helst ved vinduet
ikke-røyk
alt som hører med

Det høres godt ut!
Så mye det er!

SAMFUNNSFAG

Jul
høytid, -a/-en, -er, -ene
advent, -en
adventstid, -a/-en
adventsstake, -en, -er, -ene
lys, -et, -, -ene
julegave, -en, -er, -ene
gudstjeneste, -en, -er, -ene
barnefamilie, -en, -er, -ene [barnefamilie]
julenisse, -en, -er, -ene
julestemning, -en, -er, -ene [julestemnin]

gjøre, gjør, gjorde, gjort;
    gjøre rent [jøre] [jore] [jort]

kristen, -t, kristne

alle (de) kristne
etter hvert [vært]

Husdyr
hest, -en, -er, -ene
okse, -en, -er, -ene
sau, -en, -er, -ene [sæu]
gris, -en, -er, -ene
høne, -a, -er, -ene
ku, -a, -er, -ene

Påske
korsfestelse, -en, -er, -ene [kårsfestelse]
oppstandelse, -en, -er, -ene [åpstandelse]
palmesøndag, -en, -er, -ene
påskeuke, -a/-en, -er, -ene
skjærtorsdag, -en, -er, -ene [Sjærtårsdag]
langfredag, -en, -er, -ene [lanfredag]
påskeaften, -en, -er, -ene
helligdag, -en, -er, -ene [helidag]
påskedag, -en, -er, -ene

feire, -er, -et, -et [fæire]
innlede, -er, -et, -et
blomstre, -er, -et, -et [blåmstre]
reise, -er, -te, -t; reise bort [ræise bort]

til minne om

Blomster
krokus, -en, -er, -ene
nellik, -en, -er, -ene
påskelilje, -a/-en, -er, -ene
rose, -a/-en, -er, -ene
tulipan, -en, -er, -ene

blåklokke, -a/-en, -er, -ene [blåklåke]
blåveis, -en, -er, -ene [blåvæis]
hestehov, -en, -er, -ene

hvitveis, -en, -er, -ene [*vitvæis*]
løvetann, -en, -er, -ene

17. mai

grunnlov, -en, -er, -ene [*grunlåv*]
konstitusjon, -en, -er, -ene [*konstitu∫on*]

gå i tog [*tåg*]
vifte, -er, -et, -et

Sankthans

sankthansaften, -en, -er, -ene
bål, -et, -, -ene
merkedag, -en, -er, -ene [*mærkedag*]
midtsommernatt, -a/-en [*mitsåmernat*]
sommersolverv, -et [*såmersolværv*]
vintersolverv, -et

brenne, -er, brente, brent
snu, -r, -dde, -dd

motsatt, -, -e

langt tilbake
kortere og kortere [*kårtere*]
like før

26 A

fag, -et, -, -ene

Skolefag

engelsk, -en
fransk, -en
gym, -men
heimkunnskap, -en [*hæimkunskap*]
matematikk, -en; matte
musikk, -en
norsk, -en [*nårsk*]
tysk, -en

---

morsmål, -et [*morsmål*]
naturfag, -et
samfunnsfag, -et
valgfag, -et

klassens time
kristendoms-, religions- og
  livssynskunnskap; KRL [*kristendåm*]
kunst og håndverk [*håntværk*]
natur og miljø

Ferie

ferie, -en, -er, -ene
sommerferie [*såmerferie*]
høstferie
juleferie
vinterferie
påskeferie

---

ei og ei halv, en og en halv, et og et halvt

26 B

skolestart, -en
seksåring, -en, -er, -ene [*seksårin*]
førskoleår, -et, -, -ene
skog, -en, -er, -ene
mark, -a/-en, -er, -ene
læring, -a/-en [*lærin*]
lek, -en
undervisning, -a/-en [*unervisnin*]
kristendom, -men
prinsipp, -et, -er, -ene
morsmålsundervisning, -a/-en
  [*morsmålsunervisnin*]
fagundervisning, -a/-en [*fagunervisnin*]

være enig/uenig i noe
være enig/uenig med noen
regne, -er, -et, -et [*ræine*]

tilby, -r, tilbød, tilbudt
frita, -r, -tok, -tatt; bli fritatt
kalle, -er, kalte, kalt; kalle ... for ...
søke, -er, -te, -t; søke om
klare, -er, -te, -t; klare seg

valgfri, -tt, -e
enkelt, -, -e [enkelt]
lovlig, -, -e [låvli]

slik som
for tidlig [får tili]
hva det vil si
annerledes

26 C

foreldremøte, -et, -er, -ene
ungdomsskole, -en, -er, -ene [ongdåmsskole]
studieretning, -en, -er, -ene [studieretning]
skoletid, -a/en
foreldresamtale, -en, -er, -ene
pensum, -et, -er, -ene

gå ut i arbeid/arbeidslivet/jobb [arbæid] [jåb]
fortsette, -er, fortsatte, fortsatt [fårtsete]
gjennomgå, -r, -gikk, -gått [jenomgå]
interessere, -er, -te, -t
oppføre, -er, -te, -t; oppføre seg [åpføre]
overdrive, -er, -drev, -drevet [åverdrive]

teoretisk, -, -e

samtidig [samtidi]

Det kommer av at ... [de kåmer av at ...]

GRAMMATIKK

setningsadverbial, -et, -er, -ene
    [setningsadværbial]
subjunksjon, -en, -er, -ene [subjunksjon]
motsetning, -en, -er, -ene [motsetning]

sammenlikning, -a/-en, -er, -ene
    [samenlikning]
ordstilling, -a/-en, -er, -ene [orstiling]

SAMFUNNSFAG

trinn, -et, -, -ene; småskoletrinn,
    mellomtrinn, ungdomstrinn
videregående skole, -en, -er, -ene
folkehøyskole, -en, -er, -ene [fålkehøyskole]
universitet, -et, -er, -ene [univæsitet]
høyskole, -en, -er, -ene
skolefritidsordning, -a/-en, -er, -ene; SFO
    [skolefritidsårdning] [esefo]
klassekamerat, -en, -er, -ene
måltid, -et, -er, -ene

bli, -r, ble, blitt; bli igjen [ijen]

tom, -t, -me

27 A

bygd, -a/-en, -er, -ene
landsby, -en, -er, -ene
innvandrer, -en, -e, -ne
bygning, -en, -er, -ene [bygning]
klima, -et, -er, -ene
rådhus, -et, -, -ene
konserthus, -et, -, -ene [konsærthus]
moské, moskeen, moskeer, moskeene
slott, -et, -, -ene [slåt]

vokse, -er, -te, -t; vokse opp [våkse]

tropisk, -, -e

Næringsveier
handel, -en
industri, -en
skipsfart, -en [sjipsfart]
turisme, -en
fiske, -et

håndverk, -et [hån̊tværk]
jordbruk, -et [jor̊bruk]

27 B

handelsby, -en, -er, -ene
kontakt, -en, -er, -ene
turistby, -en, -er, -ene
utlending, -en, -er, -ene
handelssenter, -et, -sentre, -sentrene
reke, -a/-en, -er, -ene
torg, -et, -, -ene; fisketorg [tår̊g]
festspill, -et, -, -ene
kunst, -en

nest størst [størst]
populær, -t, -e
levende, -, -

mange tusen [mań̊e]
i mange hundre år
fra morgen til kveld [mår̊en]
mm = millimeter

27 C

barndomsminne, -et, -er, -ene
bane, -en, -er, -ene
tempo, -et, -er, -ene
turområde, -et, -er, -ene
eksamen, -en, -er, -ene
eksamenstid, -a/en, -er, -ene
sinn, -et, -, -ene

finne fram
oppdage, -er, -et, -et [åp̊dage]
ta det med ro
sette pris på
føre, -er, -te, -t; føre videre
ta seg tid til
stresse ned

jo ... jo ...

GRAMMATIKK

system, -et, -er, -ene
utgangspunkt, -et, -er, -ene [utgań̊sponkt]
handlingsforløp, -et, -, -ene [handlin̊sfår̊løp]

SAMFUNNSFAG

allemannsrett, -en
område, -et, -er, -ene
innmark, -a/-en, -er, -ene
utmark, -a/-en, -er, -ene
åker, -en, åkrer, åkrene
eng, -a/-en, -er, -ene [eń̊]
kjøretøy, -et, -er, -ene [çør̊etøy]
ferdsel, -en [fær̊dsel]
avstand, -en, -er, -ene [avstan̊]
sjenanse, -en [ʃenań̊se]
døgn, -et, -, -ene [døẙn]
grunneier, -en, -e, -ne [grunæier]
bær, -et, -, -ene
fjellvann, -et, -, -ene
elv, -a/-en, -er, -ene
fiskekort, -et, -, -ene [fiskekår̊t]
turgåer, -en, -e, -ne
båndtvang, -en [bån̊tvań]

ha lov til [låv̊]
ferdes, -, -, - [fær̊des]
forlate, -er, forlot, forlatt [får̊late]
rydde, -er, -et, -et; rydde opp etter seg
sette opp telt
plukke, -er, -et, -et [plok̊e]
tenne, -er, tente, tent
innskrenke, -er, -et, -et [in̊skreń̊ke]

opparbeidet, -, -e [åp̊arbæidet]
motorisert, -, -e
rimelig, -, -e [rim̊eli]
vill, vilt, ville
fredet, -, -e

MINIGRAMMATIKK

Substantiv

	Entall		Flertall	
	ubestemt	bestemt	ubestemt	bestemt
Hankjønn	en gutt en kjole	gutten kjolen	gutter kjoler	guttene kjolene
Hunkjønn	ei/en jente ei/en lue	jenta/jenten lua/luen	jenter luer	jentene luene
Intetkjønn	et bord et frimerke	bordet frimerket	bord frimerker	bordene frimerkene

Unntak **hankjønn**

a Ord på -er	en lærer en genser	læreren genseren	lærere gensere	lærerne genserne
b Ord på -el	en onkel en hybel	onkelen hybelen.	onkler hybler	onklene hyblene
c Noen ord får ny vokal i flertall	en mann en bror en far en bonde	mannen broren faren bonden	menn brødre fedre bønder	mennene brødrene fedrene bøndene
d Noen ord er like i entall og flertall, ubest. form	en sko en ting en feil	skoen tingen feilen	**sko** **ting** **feil**	skoene tingene feilene

Unntak **hunkjønn**

Noen ord får ny vokal i flertall	ei/en bok	boka/-en	bøker	bøkene
	ei/en tann	tanna/-en	tenner	tennene
	ei/en mor	mora/-en	mødre	mødrene
	ei/en datter	dattera/-en	døtre	døtrene

Unntak **intetkjønn**

Noen ord får -a i best. form flertall	et barn	barnet	barn	barna

Verb

REGELRETTE VERB

Gruppe	Infinitiv	Presens	Preteritum	Perfektum
1	å spise	spiser	spiste	har spist
2	å snakke	snakker	snakket	har snakket
3	å leie	leier	leide	har leid
4	å bo	bor	bodde	har bodd

UREGELRETTE VERB

å bli	blir	ble	har blitt
å dra	drar	dro	har dradd/dratt
å drikke	drikker	drakk	har drukket
å falle	faller	falt	har falt
å finne	finner	fant	har funnet
å forstå	forstår	forsto	har forstått
å fortelle	forteller	fortalte	har fortalt
å fortsette	fortsetter	fortsatte	har fortsatt
å få	får	fikk	har fått
å gi	gir	ga	har gitt
å gjøre	gjør	gjorde	har gjort
å gli	glir	gled/glei	har glidd

å gå	går	gikk	har gått
å ha	har	hadde	har hatt
å henge	henger	hang	har hengt
å hete	heter	het/hette	har hett
å hjelpe	hjelper	hjalp	har hjulpet
å holde	holder	holdt	har holdt
å komme	kommer	kom	har kommet
å le	ler	lo	har ledd
å legge	legger	la	har lagt
å ligge	ligger	lå	har ligget
å løpe	løper	løp	har løpt
å overdrive	overdriver	overdrev	har overdrevet
å ri	rir	red	har ridd
å se	ser	så	har sett
å sette	setter	satte	har satt
å si	sier	sa	har sagt
å sitte	sitter	satt	har sittet
å skrive	skriver	skrev	har skrevet
å slå	slår	slo	har slått
å sove	sover	sov	har sovet
å spørre	spør	spurte	har spurt
å stå	står	sto	har stått
å synes	syn(e)s	syntes	har syntes
å synge	synger	sang	har sunget
å ta	tar	tok	har tatt
å treffe	treffer	traff	har truffet
å trives	triv(e)s	trivdes	har trivdes
å velge	velger	valgte	har valgt
å vinne	vinner	vant	har vunnet
å vite	vet	visste	har visst
å være	er	var	har vært

HJELPEVERB

å kunne	kan	kunne	har kunnet
å måtte	må	måtte	har måttet
å skulle	skal	skulle	har skullet
å ville	vil	ville	har villet
å burde	bør	burde	har burdet

Adjektiv

Entall		Flertall	
ubestemt	**bestemt**	**ubestemt**	**bestemt**
en **gul** stol	den **gule** stolen	**gule** stoler	de **gule** stolene
ei/en **gul** seng	den **gule** senga/-en	**gule** senger	de **gule** sengene
et **gult** bord	det **gule** bordet	**gule** bord	de **gule** bordene

Stolen er **gul**.   Stolene er **gule**.
Senga/sengen er **gul**.   Sengene er **gule**.
Bordet er **gult**.   Bordene er **gule**.

Unntak   *exceptions*

	Hankjønn *masculine*	**Hunkjønn** *femines she gender*	**Intetkjønn** *neuter no gender*
a Adj. på -ig og -sk får ikke -t i intetkjønn	en bill**ig** stol *cheap*	ei/en bill**ig** seng *bed*	et bill**ig** bord *table*
	en le**dig** hybel	ei/en le**dig** hytte	et le**dig** hus
	en her**lig** dag	ei/en her**lig** suppe	et her**lig** vær
	en nor**sk** venn	ei/en nor**sk** bok	et nor**sk** navn
	en prakti**sk** far *practical father*	ei/en prakti**sk** lue *practical woolly hat*	et prakti**sk** kurs *practical course*
b Adj. på -t får ikke ny -t i intetkjønn	en svar**t** bil *(car)*	ei/en svar**t** lue	et svar**t** belte *(belt)*
	en gif**t** mann	ei/en gif**t** dame	et gif**t** par *(couple)*
	en flot**t** dag	ei/en flot**t** kåpe	et flot**t** skjørt
c Adj. på trykksterk vokal får dobbel -t i intetkjønn	en **ny** kopp	ei/en **ny** bok	et **nytt** glass
	en **fri** mann	ei/en **fri** jente	et **fritt** folk *free people*
	en **blå** kjole *blue dress*	ei/en **blå** kåpe *blue coat*	et **blått** slips *blue tie*

(stressed vowel at end)

a Bordet er billig.   Navnet er spansk.
b Skjørtet er kort.   Rommet er møblert.
c Frimerket er nytt.   Folket er fritt.

Merk disse adjektivene:

a Adjektiv på -er, -el og -en:

en vakker dag	den vakre dagen	vakre dager	de vakre dagene
ei* vakker dame	den vakre dama	vakre damer	de vakre damene
et vakkert bilde	det vakre bildet	vakre bilder	de vakre bildene
en gammel stol	den gamle stolen	gamle stoler	de gamle stolene
ei* sulten jente	den sultne jenta	sultne jenter	de sultne jentene
et åpent kontor	det åpne kontoret	åpne kontorer	de åpne kontorene

b Adjektiv på -e bøyes ikke:

en moderne stol	den moderne stolen	moderne stoler	de moderne stolene
ei spennende bok	den spennende boka	spennende bøker	de spennende bøkene

c Adjektivet **liten** har spesiell bøying:

en **liten** stol	den **lille** stolen	**små** stoler	de **små** stolene
ei* **lita** jente	den **lille** jenta	**små** jenter	de **små** jentene
et **lite** bord	det **lille** bordet	**små** bord	de **små** bordene

* eller   en vakker dame
en sulten jente
en **liten** jente

GRADBØYING

pen	penere	penest
varm	varmere	varmest
glad	gladere	gladest

Unntak

a Adjektiv på **-ig** bøyes slik:

billig	billigere	billigst
dårlig	dårligere	dårligst

b Noen adjektiv er uregelmessige:

lang	lengre	lengst
ung	yngre	yngst
stor	større	størst
gammel	eldre	eldst
god/bra	bedre	best
liten	mindre	minst
mange	flere	flest
mye	mer	mest

c Noen lange adjektiv bøyes med **mer** og **mest**:

moderne	**mer** moderne	**mest** moderne
praktisk	**mer** praktisk	**mest** praktisk
spennende	**mer** spennende	**mest** spennende

Adverb

1 Eksempel på adverb:

Tid	Sted	Grad	Måte
nå	her	lite	slik
snart	hit	litt	sånn
først	der	nesten	
ofte	dit	ganske	
alltid	hjemme	veldig	
aldri	hjem	mye	

2 Intetkjønnsformen av adjektiv brukes som adverb:

Dagen er **kald** (adjektiv).	Det blåser **kaldt** (adverb).
Hun er en **god** (adjektiv) lærer.	Hun forklarer **godt** (adverb).
Han har en **pen** (adjektiv) genser.	Han kler seg **pent** (adverb).

3 Adverb gradbøyes som adjektiv:

fint	finere	finest
godt/bra	bedre	best

Pronomen

PERSONLIGE PRONOMEN OG REFLEKSIVE PRONOMEN

	Subjektsform	Objektsform	Refleksiv form
1	jeg	meg	meg
2	du	deg	deg
3	han	ham/han	seg
	hun	henne	seg
	den	den	seg
	det	det	seg
1	vi	oss	oss
2	dere	dere	dere
3	de	dem	seg

1 Sammenlikn:
Han vasker **henne** (jenta). Han vasker **seg**.
Vi kler på **dem** (barna). De kler på **seg** selv.

2 Høflig form:
De — Dem Vil **De** skrive navnet her?

EIENDOMSPRONOMEN OG REFLEKSIVE EIENDOMSPRONOMEN

	Hankjønn	Hunkjønn	Intetkjønn	Flertall
jeg	bilen min	boka mi	huset mitt	bilene mine
du	bilen din	boka di	huset ditt	bøkene dine
han	bilen hans bilen sin	boka hans boka si	huset hans huset sitt	husene hans husene sine
hun	bilen hennes bilen sin	boka hennes boka si	huset hennes huset sitt	bøkene hennes bøkene sine
vi	bilen vår	boka vår	huset vårt	husene våre
dere	bilen deres	boka deres	huset deres	bøkene deres
de	bilen deres bilen sin	boka deres boka si	huset deres huset sitt	husene deres husene sine

1 En bruker **min bil, mi bok** og **mitt hus** i stedet for **bilen min,**
   boka mi og **huset mitt** når en legger trykk på eiendomspronomenet:
   – Det er ikke **vårt hus.**
     Det er Tor Pedersen som eier det.

   – Jeg kan ikke finne klokka mi.
   – Er ikke dette klokka di?
   – Nei, **mi klokke** er ny.

2 Høflig form:
   De – Deres   – Er dette **boka Deres?**

3 **Sin, si, sitt** og **sine** er refleksive:
   – Kåpa til Urai er blå. Urai liker **kåpa si.** Arne liker også **kåpa hennes.**
   – Arne har en bror. **Broren hans** bor i Oslo. Arne skal reise til **broren sin.**

DEMONSTRATIVE PRONOMEN

Hankjønn	Hunkjønn	Intetkjønn	Flertall
denne	denne	dette	disse
den	den	det	de

Man bruker **denne**, **dette** og **disse** når en snakker om noe som
er nær, og **den**, **det** og **de** når en snakker om noe som er langt borte.

RELATIVT PRONOMEN: SOM

Jeg har en bil. Bilen er grønn.
Jeg har en bil. Den er grønn.
Jeg har en bil **som** er grønn.

– Er det din bil **som** står der borte?
– Nei, den bilen **som** er grønn, er min.
  Gutten **som** står bak bilen, heter Per.
– Jeg kjenner ham. Det er en gutt (**som**) jeg liker.

RESIPROKT PRONOMEN: HVERANDRE

Urai elsker Arne. Arne elsker Urai.
Arne og Urai elsker **hverandre**.

UBESTEMTE PRONOMEN

Hankjønn	Hunkjønn	Intetkjønn	Flertall
noen	noen	noe	noen
ingen	ingen	ikke noe	ingen
annen	annen	annet	andre
hver	hver	hvert	

Ubestemte pronomen er også:

det	Det regner.
	Det bor tre barn i dette huset.
en	En trenger paraply i dag.
man	Man trenger paraply når det regner.

Spørreord

hvem	**Hvem** kommer der?
hva	**Hva** har du gjort?
hvor	**Hvor** bor du?
hvordan	**Hvordan** kommer en til Oslo?
hvorfor	**Hvorfor** skal du reise til Oslo?
når	**Når** skal du reise?
hvilken/hvilket/hvilke	**Hvilken** buss må jeg ta?
hvor lenge	**Hvor lenge** har du vært i Norge?

Bindeord

KONJUNKSJONER

og	Han leser, **og** hun skriver.
eller	Du kan ta bussen, **eller** du kan gå.
men	Han ligger, **men** han sover ikke.
for	Hun legger seg, **for** hun er så trøtt.
så	Jeg er trøtt, **så** jeg tar bussen.

SUBJUNKSJONER

at	Jeg vil **at** du skal komme.
når	**Når** Per kommer, skal vi spise.
da	**Da** Tor kom hjem, laget han middag.
mens	**Mens** de spiser, snakker de.
fordi	Per vil ikke spise **fordi** han er syk.
ettersom	**Ettersom** Per er syk, spiser han ikke.
hvis	Jeg kjøper bil **hvis** du låner meg penger.
om	**Om** du kommer, blir jeg glad.

ALFABETISK ORDLISTE

Substantiv står oppført i ubestemt form entall, fulgt av endelsen i bestemt form entall, ubestemt og bestemt form flertall (eksempel: bil, -en, -er, -ene). I ord som ender på trykklett -e, forsvinner -e foran endelsen (eksempel: skole, -en, -er, -ene).

Verb står oppført i infinitiv, fulgt av endelsene i presens, preteritum og perfektum partisipp (eksempel: ringe, -er, -te, -t).

Adjektiv står i ubestemt form entall. Denne formen er felles for hankjønns- og hunkjønnsord. Deretter kommer formen for intetkjønn, entall, og til slutt formen for flertall (eksempel: stor, -t, -e).

Ordenes oversettelse finner du i de separate ordlistene. Tallene viser hvor ordet forekommer første gang.

abort, -en, -er, -ene   15 Samf.
adgang, -en   19 A
adjektiv, -et   7 Gramm.
adresse, -a/-en, -er, -ene   2 A
advent, -en   25 Samf.
adventsstake, -en, -er, -ene   25 Samf.
adventstid, -a/-en   25 Samf.
agurk, -en, -er, -ene   12 C
akkurat   8 Ord og uttrykk
aktivitet, -en, -er, -ene   14 Samf.
aktivitetsdag, -en, -er, -ene   24 B
akutt, -, -e   21 Samf.
album, -et, -er, -ene   23 A
alder, -en, -e/aldrer, -ne/aldrene   14 Samf.
alderspensjon, -en, -er, -ene   23 Samf.
aldri   4 Gramm., 7 C
alene   2 C
alfabet, -et, -er, -ene   2 A
alkohol, -en   16 Samf., 19 Samf.
alkoholfri, -tt, -e   25 D
alle   5 Samf.
allemannsrett, -en   27 Samf.
allerede   22 B
allmennfaglig, -, -e   23 Samf.

alltid   4 D
alt   14 Samf.
altfor   19 D
alt i alt   25 B
alvorlig, -, -e   21 B
ambulanse, -en, -er, -ene   21 Samf.
amerikaner, -en, -e, -ne   21 Ord og uttrykk
amerikansk, -, -e   9 C
angre, -er, -et, -et   19 Ord og uttrykk
annen, annet, andre   6 B, 8 C
annenhver   17 Gramm.
annerledes   26 B
annonse, -en, -er, -ene   16 D
ansvar, -et   24 C
ansvarlig, -, -e   23 Samf.
apotek, -et, -er, -ene   11 D
appelsin, -en, -er, -ene   6 A
april   7 B, 7 Ord og uttrykk
arbeide, -er, -et, -et   3 B
arbeidsdag, -en, -er, -ene   13 C
arbeidsgiver, -en, -e, -ne   7 D
arbeidskontor, -et, -er, -ene   13 B
arbeidsledig, -, -e   13 A
arbeidsrom, -met, -, -mene   16 C

arbeidstid, -a/-en, -er, -ene   13 B

Argentina   1 Uttale

arm, -en, -er, -ene   11 Samf.

arrangere, -er, -te, -t;
    bli arrangert   24 Samf.

Asia   1 C

aspargessuppe, -a/-en, -er, -ene   25 A

asyl, -et, -er, -ene   13 B

at   2 C

atten (18)   3 Gramm.

august   7 B, 7 Ord og uttrykk

au pair, -en, -er, -ene   3 C

avbetaling, -a/-en   19 C

avdeling, -a/-en, -er, -ene   8 B, 13 C

avhengig av   20 Samf.

avis, -a/-en, -er, -ene   4 Gramm.

av og til   9 A

avslag, -et, -, -ene   8 B

avstand, -en, -er, -ene   27 Samf.

avtale, -en, -er, -ene   15 C

bad, -et, -, -ene   16 A

bade, -er, -et, -et   11 Gramm.

badekar, -et, -, -ene   16 E

bagasjerom, -met, -, -mene   19 Samf.

bak   16 Gramm.

bake, -er, -te, -t   13 Gramm.

bakeri, -et, -er, -ene   13 B

bakgrunn, -en, -er, -ene   24 Samf.

bakke, -en, -er, -ene   17 C, 18 C

bakrute, -a/-en, -er, -ene   19 Samf.

bakside, -a/-en, -er, -ene   16 E

balkong, -en, -er, -ene   16 A

ball, -en, -er, -ene   19 D

balsatre, -et, -trær, -trærne   15 Samf.

banan, -en, -er, -ene   5 B

band, -et, -, -ene   14 C

bane, -en, -er, -ene   27 C

bank, -en, -er, -ene   6 D

bankkort, -et, -, -ene   6 Samf.

barbere, -er, -te, -t; barbere seg   20 B

bare   8 B

barn, -et, -, -a   2 B

barndomsminne, -et, -er, -ene   27 C

barneavdeling, -a/-en, -er, -ene   8 B

barnebarn, -et, -, -a   13 C

barnefamilie, -en, -er, -ene   25 Samf.

barnehage, -en, -er, -ene   2 C

barneklær, -ne   14 E

barneskole, -en, -er, -ene   18 Samf.

barnetrygd, -a/-en   7 D

Barne-TV   9 B

barnevakt, -a/-en, -er, -ene   11 C

barneværelse, -et, -er, -ene   20 B

be, -r, ba, bedt   2 Uttale;
    bedt på fest   22 Samf.

bedre   21 Ord og uttrykk;
    bedre enn ...   19 Samf.

bedring, -a/-en   11 C

befolkning, -en, -er, -ene   9 Samf.

begge   13 Samf.

begynne, -er, begynte, begynt   3 B

begynnelse, -en, -er, -ene   15 Samf.

beholde, -er, beholdt, beholdt   15 Samf.

bein, -et, -, -a   11 Samf., 21 B

beinbrudd, -et, -, -ene   21 Samf.

beitemark, -a/-en, -er, -ene   18 Samf.

bekymret, - , -e   21 Ord og uttrykk

belte, -et, -er, -ene   8 A

benk, -en, -er, -ene   21 D

bensin, -en   19 C

beskjed, -en, -er, -ene   11 C; ta imot
    en beskjed   15 Ord og uttrykk

beskjeden, -t, beskjedne   15 Samf.

best   12 C

bestefar, -en, -fedre, -fedrene   22 A

bestemme, -er, bestemte, bestemt   14 D;
    bestemme seg for   25 C

bestemor, -a/-en, -mødre, -mødrene   10 C

bestille, -er, bestilte, bestilt   10 D, 21 C

bestå, -r, besto, bestått; bestå av   24 Samf.

besøk, -et, -, -ene   14 D

besøke, -er, -te, -t   4 C

betale, -er, -te, -t   4 D

bety, -r, betød, betydd   7 C

bevege, -er, -et, -et   21 D

bevegelse, -en, -er, -ene   18 C

BH, -en, -er, -ene   8 A

bibliotek, -et, -er, -ene   5 B

bil, -en, -er, -ene   6 Gramm., 10 A

bilbelte, -et, -er, -ene   19 Samf.

bilde, -et, -er, -ene   23 A

bilferie, -en, -er, -ene   10 Samf.

bilfører, -en, -e, -ne   19 Samf.

billett, -en, -er, -ene   10 B

billig, -, -e   8 C

billion; -en, -er, -ene   3 Gramm.

bilmekaniker, -en, -e, -ne   13 A

blanding, -a/-en, -er, -ene   25 B

blandingsmeny, -en, -er, -ene   25 B

bli, -r, ble, blitt   4 D, 12 C,
    13 Ord og uttrykk, 26 Samf.

blid, -t, -e   18 C

blinklys, -et, -, -ene   19 Samf.

blod, -et   9 B

blokkleilighet, -en, -er, -ene   16 C

blomstre, -er, -et, -et   25 Samf.

bluse, -a/-en, -er, -ene   8 A

blå, -tt, -(e)   8 Gramm.

blåse, -er, -te, -t   7 A

bo, -r, -dde, -dd   2 B

bok, -a/-en, bøker, bøkene   3 Uttale, 6 E

boks, -en, -er, -ene   4 D

bolig, -en, -er, -ene   16 C

bolle, -en, -er, -ene   13 Gramm.

bonde, -en, bønder, bøndene   22 B

bord, -et, -, -ene   8 Gramm.

bordplassering, -a/-en, -er, -ene   22 B

borgerlig, -, -e   23 Samf.

bort   8 C

bot, -a/-en, bøter, bøtene   19 E

bra, -, -   1 C

brasiliansk, -, -e   24 Samf.

bratt, -, -e   18 B

bremselys, -et, -, -ene   19 Samf.

brenne, -er, brente, brent   25 Samf.

brennevin, -et   23 Samf.

brev, -et, -, -ene   5 A

brille, -en, -er, -ene   21 Ord og uttrykk

britisk, -, -e   9 B

bro, -a/-en, -er, -ene   10 Samf.

bror, -en, brødre, brødrene   2 Gramm.

bruk, -en   9 Samf.

bruke, -er, -te, -t   4 C, 21 Ord og uttrykk

bruktbil, -en, -er, -ene   19 C

brun, -t, -e   8 Gramm.

brunost, -en, -er, -ene   4 Samf.

brus, -en   4 A

brygge, -a/-en, -er, -ene   22 Ord og uttrykk

brygge, -er, -et, -et; brygge på noe
    21 Ord og uttrykk

bryllup, -et, -er, -ene   14 C

bryst, -et, -, -ene   11 Samf.

brød, -et, -, -ene   4 B, 12 C

brødhylle, -a/-en, -er, -ene   12 C

brødskive, -a/-en, -er, -ene   4 B

brå, -tt, -   20 B

bukse, -a/-en, -er, -ene   8 A

buss, -en, -er, -ene; ta bussen   3 C

busstasjon, -en, -er, -ene   17 A

butikk, -en, -er, -ene   4 D

by, -en, -er, -ene   8 C; på byen   24 A

bygd, -a/-en, -er, -ene   27 A

bygge, -er, bygde, bygd   10 Samf., 15 Samf.

bygning, -en, -er, -ene   27 A

bær, -et, -, -ene   27 Samf.

bære, -er, bar, båret   5 B

bærepose, -en, -er, -ene   12 C

bøye, -er, bøyde, bøyd   21 B

både ... og ...   22 Ord og uttrykk

bål, -et, -, -ene   25 Samf.

båndtvang, -en   27 Samf.

båt, -en, -er, -ene   15 Samf., 22 A

ca. = cirka   13 Samf.

CD, -en, -er, -ene   14 C

da   8 Samf.

dag, -en, -er, -ene   1 Ord og uttrykk

dagsavis, -a/-en, -er, -ene   9 Samf.

Dagsrevyen   9 B

dame, -a/-en, -er, -ene   4 D

dameavdeling, -a/-en, -er, -ene 8 B

dans, -en, -er, -ene 14 C

danse, -er, -et, -et 13 Ord og uttrykk

dashbord, -et, -, -ene 19 Samf.

datter, -a/-en, døtre, døtrene 23 B

de 1 B

deg 6 B

deilig, -, -e 7 D

dekk, -et, -, -ene 17 Samf., 19 Samf.

del, -en, -er, -ene 15 Samf.

dele, -er, -te, -t 13 Samf.

delta, -r, -tok, -tatt 24 Samf.

den, det, de 1 A, 1 B, 3 A, 17 Gramm.

denne, dette, disse 1 A, 8 B, 17 Gramm.

deprimert, -, -e 7 C

der; der borte 4 D

dere 1 C

deres, -, - 9 Gramm.

deretter 9 D

derfor 14 E

desember 7 Ord og uttrykk

dessert, -en, -er, -ene 25 A

dessuten 16 C

dessverre 6 B

det 1 A

dette 1 A

din, di/din, ditt, dine 5 Samf., 9 Gramm.

diskotek, -et, -er, -ene 15 B

diskutere, -er, -te, -t 9 D, 22 Samf.

distriktsnyheter, -nyhetene 9 B

dit 10 A

do, -en, -er, -ene 16 Gramm.

dobbeltseng, -a/-en, -er, -ene 16 E

doktor, -en, -er, -ene 21 D

dollar, -en, -, -ene 6 D

dongeribukse, -a/-en, -er, -ene 8 A

dra, -r, dro, dratt 10 D, 19 C;
     dra på tur 14 Samf.

dramaserie, -en, -er, -ene 9 B

drikke, -er, drakk, drukket 4 A, 18 C

drive, -er, drev, drevet;
     drive med 14 Ord og uttrykk

drosje, -a/-en, -er, -ene 17 Gramm.

drue, -a/-en, -er, -ene 12 C

drøm, -men, -mer, -mene 17 Samf.

du 1 A

dum, -t, -me 7 C

dusj, -en, -er, -ene 16 A

dusk, -en, -er, -ene 8 C

dyp, -t, -e 10 Samf.

dyr, -et, -, -a/-ene 9 B

dyr, -t, -e 8 Ord og uttrykk

dyreklinikk, -en, -er, -ene 9 B

dyreliv, -et 10 Samf.

dø, -r, døde, dødd 15 Samf.

døgn, -et, -, -ene 27 Samf.

dømmes, -, dømtes, dømtes 23 Samf.

dårlig, -, -e 7 Gramm.

edru, -, -e 19 Samf.

egen, eget, egne 18 Samf.

egenandel, -en, -er, -ene 21 Samf.

egentlig 15 C

egg, -et, -, -ene 4 B

eiendomsmegler, -en, -e, -ne 16 D

eiendomspronomen, -et, -er, -ene
     9 Gramm.

eier, -en, -e, -ne 16 E

eksamen, -en, -er, -ene 27 C

eksamenstid, -a/en, -er, -ene 27 C

ekspeditrise, -a/-en, -er, -ene 8 C

elektronisk, -, -e 6 E

elendig, -, -e 19 Ord og uttrykk

elev, -en, -er, -ene 13 B

eller 1 C

ellers 11 C

elleve (11) 3 C

elske, -er, -et, -et 20 Gramm.

elv, -a/-en, -er, -ene 27 Samf.

en, ei, et 2 B

én 5 Uttale, 12 C

endelig 19 C

enebolig, -en, -er, -ene 16 Samf.

eng, -a/-en, -er, -ene 27 Samf.

engangsstønad, -en, -er, -ene 7 D

engasjere, -er, -te, -t;
  engasjere seg   15 Samf.
engelsk, -, -e   2 B
engstelig, -, -e   19 C
enig, -, -e   26 B
enkelt, -, -e   26 B
enn   19 Samf., 22 B
enten ... eller ...   23 Samf.
eple, -et, -er, -ene   5 B
eplekake, -a/-en, -er, -ene   25 A
e-post, -en, -er, -ene   5 B
etasje, -en, -er, -ene   16 D
etnisk, -, -e   18 Samf.
ett   3 A, 12 C
etter hvert   25 Samf.
ettermiddag, -en, -er, -ene   10 D
etternavn, -et, -, -ene   6 E
etterpå   9 D
Europa   1 C

fag, -et, -, -ene   26 A
fagforening, -a/-en, -er, -ene   24 B
fagundervisning, -a/-en   26 B
faktisk, -, -e   18 Samf.
falle, -er, falt, falt   21 B
familie, -en, -er, -ene   2 B
fang, -et, -, -ene   23 C
far, -en, fedre, fedrene   5 B
fare, -en, -er, -ene   19 B
farge, -en, -er, -ene   8 B
fargerik, -t, -e   24 Samf.
fart, -en   19 Samf.
fartsbot, -a/-en, -bøter, -bøtene   19 E
fartsgrense, -a/-en, -er, -ene   19 Samf.
fartskontroll, -en, -er, -ene   19 D
fast, -, -e   16 Samf.
fastlege, -en, -er, -ene   21 B
feber, -en   21 A
februar   7 B, 7 Ord og uttrykk
feil, -, -   22 Samf.
feire, -er, -et, -et   25 Samf.
felles   14 Samf.
fellesskap, -et, -, -ene   24 Samf.

fem (5)   2 C
femten (15)   3 Gramm.
femti (50)   3 Gramm.
ferdes, -, -, -   27 Samf.
ferdig, -, -e   20 B;
  ferdig med ...   22 Samf.
ferdsel, -en   27 Samf.
ferie, -en, -er, -ene   7 B, på ferie   22 A
fersk, -t, -e   12 C
fest, -en, -er, -ene   13 Gramm.
festspill, -et, -, -ene   27 B
fetter, -en, -e, -ne   23 B
fiende, -en, -er, -ene   9 B
film, -en, -er, -ene   5 B
fin, -t, -e   6 E
finansiert, -, -e   9 Samf.
finne, -er, fant, funnet   4 D;
  finne fram   27 C; finne sted   24 Samf.;
  finne ut   15 Samf.
fire (4)   2 C
fisk, -en, -er, -ene   12 A
fiske, -et   27 A
fiske, -er, -et, -et   27 Samf.
fiskebolle, -en, -er, -ene   4 D
fiskekort, -et, -, -ene   27 Samf.
fisker, -en, -e, -ne   13 A
fiskeskøyte, -a, -er, -ene   13 A
fisketorg, -et, -, -ene   27 B
fjell, -et, -, ene   10 Samf.
fjellvann, -et, -, -ene   27 Samf.
fjernsyn, -et, -, -ene   9 Samf.
fjes, -et, -, -ene   18 C
fjord, -en, -er, -ene   10 Samf.
fjorten (14)   2 C
flagg, -et, -, -ene   18 Samf.
flere   5 Uttale, 9 Samf.
flest; de fleste   14 Samf.
flink, -t, -e   22 B
flokk, -en, -er, -ene   18 Samf.
flott, -, -e   7 D
fly, -et, -, -ene   10 D
fly, -r, fløy, flydd/fløyet   3 Samf.,
  10 Ord og uttrykk

flykte, -er, -et, -et   13 B
flyktning, -en, -er, -ene   5 B
flyplass, -en, -er, -ene   10 D
flytte, -er, -et, -et   10 C
fløte, -en   22 B
flåte, -en, -er, -ene   15 Samf.
folk, -et, -, -ene   15 Samf.
folkehøyskole, -en, -er, -ene   26 Samf.
for   7 C; for en ..., for et ...   18 A;
   for mye   11 A; for seint   3 Samf., 11 C;
   for ... siden   2 C; for å ...   6 D
foran   9 C
forandre, -er, -et, -et; forandre seg
   18 Samf.
forbauset, -, -e   12 C
forbudt, -, -e   17 C
fordi   13 Ord og uttrykk, 25 Gramm.
for eksempel   21 Samf.
forelder, -en, foreldre, foreldrene   13 Samf.
foreldremøte, -et, -er, -ene   26 C
foreldresamtale, -en, -er, -ene   26 C
forhindre, -er, -et, -et   19 Samf.
forhold, -et, -, -ene   19 Samf.
forkjølet, -, forkjølte   11 C
forklare, -er, -te, -t   7 D
forlate, -er, forlot, forlatt   27 Samf.
form, -en   11 C
formell, formelt, formelle   22 B
formiddag, -en, -er, -ene   10 C
fornøyd, -, -e   19 Ord og uttrykk
forresten   11 C
forrett, -en, -er, -ene   25 A
forrige   25 B
forsiktig, -, -e   19 B
forsinkelse, -en, -er, -ene   17 B
forsker, -en, -e, -ne   15 Samf.
forskjellig, -, -e   12 Samf.
forslag, -et, -, -ene   7 D
forstå, -r, forsto, forstått   7 Ord og uttrykk
forsynt, -, -e   4 C
fort   14 Samf., 17 C; fortere   19 Samf.
fortelle, -er, fortalte, fortalt   5 B
fortid, -a/-en   11 Gramm.

fortsette, -er, fortsatte, fortsatt   26 C
fot, -en, føtter, føttene   11 Samf.
fotball, -en, -er, -ene   9 C
fotballbane, -en, -er, -ene   24 C
fotballkamp, -en, -er, -ene   24 A
fotoalbum, -et, -er, -ene   23 A
fotografere, -er, -te, -t   14 A
fra   1 A; fra før   22 Samf.
frakk, -en, -er, -ene   8 A
frakte, -er, -et, -et   17 Samf.
fram   19 B, 24 C; se fram til   22 B
framme   17 B
framtid, -a/-en   9 Gramm.
fransk, -, -e   2 Gramm., 5 B
franskmann, -en, -menn, -mennene
   21 Ord og uttrykk
fredag   3 Ord og uttrykk
fredet, -, -e   27 Samf.
fremdeles   7 D
fremmed, -, -e   22 B
fri, -tt, -e   10 C
frisk, -t, -e   11 A, 11 C
frita, -r, fritok, fritatt   26 B
fritid, -a/-en   14 A
fritidsproblem, -et, -er, -ene   16 E
frivillig, -, -e   23 Samf.
frokost, -en, -er, -ene   3 B
front, -en, -er, -ene   19 Samf.
frontrute, -a/-en, -er, -ene   19 Samf.
frossen, -t, frosne   12 C
frukt, -en, -er, -ene   12 C
fruktdisk, -en, -er, -ene   12 C
fryktelig, -, -e   19 D
fryse, -er, frøs, frosset   8 Samf.
frysedisk, -en, -er, -ene   12 C
full, fullt, fulle   21 C
futurum   9 Gramm.
fylle, -er, fylte, fylt; fylle ut   6 D;
   fylle år   20 Samf.
fylling, -a/-en, -er, -ene   21 Ord og uttrykk
fyre, -er, -te, -t   7 Ord og uttrykk
fysioterapeut, -en, -er, -ene   13 C
føde, -r, fødte, født   6 E

fødsel, -en, fødsler, fødslene   7 D
fødselspenger, fødselspengene   7 D
føle, -er, -te, -t; føle seg   21 A
følge, -er, fulgte, fulgt   17 Samf.
før   16 C, 21 C; like før   23 C
føre, -er, -te, -t   27 C
førerkort, -et, -, -ene   6 Samf.
førskoleår, -et, -, -ene   26 B
først   8 C
førti (40)   3 Gramm.
få, -r, fikk, fått   4 A; få hjelp til   6 E;
   få inn (en TV-kanal)   9 B
fårepølse, -a/-en, -er, -ene   4 Samf.

gaffel, -en, gafler, gaflene   22 B
gal, -t, -e   20 B
gammel, -t, gamle   2 C
gang, -en, -er, -ene   7 D, 16 A
ganske   13 B
gate, -a/-en, -er, -ene   6 Gramm.
gatebarn, -et, -, -a   24 Samf.
gebyr, -et, -er, -ene   6 D
genser, -en, -e, -ne   8 A
gi, -r, ga, gitt   6 D
gift, -, -e   2 B
gifte, -er, -et, -et; gifte seg   23 Samf.
girstang, -a/-en, -stenger, -stengene
   19 Samf.
gjelde, -er, gjaldt, gjeldt   18 Samf.
gjennom   5 B
gjennomgå, -r, -gikk, -gått   26 C
gjenta, -r, gjentok, gjentatt   2 C
gjerne   4 A
gjespe, -er, -et, -et   22 Samf.
gjest, -en, -er, -ene   14 A
gjøre, gjør, gjorde, gjort   3 B, 11 B
glad, -, -e   4 D; glad i   14 C
glass, -et, -, -ene   4 A
glatt, -, -e   18 C
glede, -er, -et, -et; glede seg   7 C
glemme, -er, glemte, glemt   15 B
god, -t, -e   1 Ord og uttrykk
gods, -et   17 Samf.

golf, -en   14 B
gratis, -, -   10 A
gratulere, -er, -te, -t   7 C
gravid, -, -e   7 C
graviditet, -en, -er, -ene   20 Samf.
gravstein, -en, -er, -ene   22 Samf.
gre, -r, -dde, -dd   20 B
grei, -t, -e   8 C
greie, -er, greide, greid   15 B
grille, -er, -et, -et   25 D
gris, -en, -er, -ene   25 Samf.
grovbrød, -et, -, -ene   4 C
grunneier, -en, -e, -ne   27 Samf.
grunnlov, -en, -er, -ene   25 Samf.
grunnskole, -en, -er, -ene   23 Samf.
grønn, grønt, grønne   7 Ord og uttrykk
grønnsakdisk, -en, -er, -ene   12 C
grønnsaker, -sakene   12 A
grå, -tt, -(e)   23 C
gudstjeneste, -en, -er, -ene   25 Samf.
gul, -t, -e   8 C
gummistøvel, -en, -støvler, -støvlene
   8 Samf.
gutt, -en, -er, -ene   2 B
gym, -men   26 A
gymsal, -en, -er, -ene   24 B
gøy   7 C
gå, -r, gikk, gått   2 C, 12 C

ha, -r, hadde, hatt   1 C, 2 B, 11 B;
   ha rett   13 B
hage, -en, -er, -ene   16 D
hagearbeid, -et   13 Samf.
hals, -en, -er, -ene   11 Samf.
halv, -t, -e   3 A
halvøy, -a, -er, -ene   18 Samf.
halvår, -et, -, -ene   17 Samf.
han   1 B
handel, -en   27 A
handelsby, -en, -er, -ene   27 B
handelssenter, -et, -sentre, -sentrene   27 B
handle, -er, -et, -et   4 C
handlelapp, -en, -er, -ene   4 D

handlevogn, -a/-en, -er, -ene   4 D

handlingsforløp, -et, -, -ene   27 Gramm.

hans, -, -   9 Gramm.

hav, -et, -, -ene   15 Samf.

hei   1 A, 1 Ord og uttrykk

heimkunnskap, -en   26 A

heis, -en, -er, -ene   15 C, 21 D

hekseskudd, -et, -, -ene   21 D

hel, -t, -e   7 Samf., 17 Samf.

heldig, -, -e   13 B

heldigvis   12 C

helg, -a/-en, -er, -ene   15 B

helligdag, -en, -er, -ene   25 Samf.

helmelk, -a/-en   12 C

helse, -a/-n   9 B

helsekontroll, -en, -er, -ene   20 Samf.

helsestasjon, -en, -er, -ene   20 Samf.

helsesøster, -a/-en, -søstre, -søstrene
    20 Samf.

helst   21 C

heltidsarbeid, -et   13 Samf.

hende, -er, hendte, hendt   15 C

henne   9 C

hennes, -, -   9 Gramm.

hente, -er, -et, -et   7 D

her   3 Gramm., 6 B

herlig, -, -e   18 A

herreavdeling, -a/-en, -er, -ene   8 B

hestekrefter, -kreftene   19 C

hete, -er, het/hette, hett   1 A, 2 C

hilse, -er, -te, -t   8 C

hilsen, -en, -er, -ene   22 A

hit   10 C

hjelpe, -er, hjalp, hjulpet   6 B

hjem   3 C

hjem, -met, -, -mene   16 Samf.

hjemland, -et, -, -ene   13 Ord og uttrykk

hjemme   2 C

hjemsted, -et, -er, -ene   9 Samf.

hjemvei, -en   12 C

hobby, -en, -er, -ene   14 Ord og uttrykk

hode, -et, -er, -ene   11 Samf.

hodepine, -a/-en   11 D

holde, -er, holdt, holdt   21 B; holde på å ...
    14 D, 21 B; holde på å bli ...   21 A;
    holde seg i form   11 C

hoppe, -er, -et, -et   23 D

horn, -et, -, -ene   13 Gramm.

hos   3 C

hoste, -er, -et, -et   12 C

hostesaft, -a/-en   21 Ord og uttrykk

hotell, -et, -er, -ene   22 A

hovedområde, -et, -er, -ene   18 Samf.

hovedregel, -en, -regler, -reglene   19 Samf.

hovedrett, -en, -er, -ene   25 A

hull, -et, -, -ene   21 Ord og uttrykk

humør, -et   22 Ord og uttrykk

hun   1 B

hund, -en, -er, -ene   14 A

hundre   3 Gramm.

hundrelapp, -en, -er, -ene   7 Uttale

hurtig, -, -e   17 Samf.

hus, -et, -, -ene   9 C

husarbeid, -et   13 Samf.

huske, -er, -et, -et   7 D, 12 A

husmor, -a/-en, -mødre, -mødrene   14 E

hva   1 A

hva det vil si   26 B

hvem   1 A

hver, -t   9 C, 11 Gramm.

hverandre   20 Gramm.

hver dag   9 Samf.

hvilken, hvilket, hvilke   7 B

hvis   14 Samf.

hvit, -t, -e   8 Gramm.

hvor   1 A; hvor lenge   7 B; hvor mye   3 A

hvordan   2 A

hvorfor   7 D

hyggelig, -, -e   7 D

hytte, -a, -er, -ene   9 Gramm.

høflig, -, -e   22 Samf.

høre, -er, -te, -t   15 C

hørsel, -en   20 Samf.

høst, -en, -er, -ene   7 C

høstferie, -en, -er, -ene   7 B

høy, -t, -e   10 Samf.

høyskole, -en, -er, -ene   26 Samf.
høytid, -a/-en, -er, -ene   25 Samf.
hånd, -a/-en, hender, hendene   11 Samf.
håndball, -en, -er, -ene   9 C
håndkle, -et, håndklær, håndklærne   20 C
håndverk, -et   27 A
håpe, -er, -et, -et   13 B

i   2 B, 16 Gramm.
i alle fall   16 C
iblant   9 A
i dag   4 C
idé, ideen, ideer, ideene   18 C
idet   21 B
i det hele tatt   19 Samf.
idrettsklubb, -en, -er, -ene
    14 Ord og uttrykk
i fjor   14 Gramm.
igjen   13 B
i går   12 A
ikke   2 Gramm.
ikke-røyk   25 C
ikke-røyker, -en, -e, -ne   17 B
i kveld   9 A
i løpet av   20 Samf.
imidlertid   22 B
i morgen 6 Gramm., 9 A
India   1 B
indirekte, -, -   18 Gramm.
industri, -en   27 A
industriarbeider, -en, -e, -ne   13 A
infinitiv   3 Gramm.
informere, -er, -te, -t   20 Samf.
ingen   19 D
ingeniør, -en, -er, -ene   9 C
inn   16 E
innbygger, -en, -e, -ne   18 Samf.
inne   21 Gramm.
innen   10 D
innføre, -er, -te, -t   21 Samf.
inngang, -en, -er, -ene   19 A
innkalle, -er, -te, -t;
    bli innkalt til ...   20 Samf.

innkalling, -a/-en, -er, -ene   20 Samf.
innlede, -er, -et, -et   25 Samf.
innmark, -a/-en, -er, -ene   27 Samf.
innom   11 D
innsjekking, -a/-en, -er, -ene   17 C
innskrenke, -er, -et, -et   27 Samf.
inntil   15 Samf.
innvandrer, -en, -e, -ne   27 A
instrument, -et, -er, -ene   24 B
interessant, -, -e   24 A
interessere, -er, -te, -t   26 C
interessert, -, -e   14 B
internasjonal, -t, -e   15 Samf.
internatskole, -en, -er, -ene   18 Samf.
Internett, -et   5 B
invitere, -er, -te, -t   14 D
Iran   1 B
is, -en   4 C, 18 C
isete, -, -   18 C
isjias, -en   21 D
iskake, -a/-en, -er, -ene   25 A
isolert, -, -e   14 C
i stedet   12 C

ja   1 C
jakke, -a/-en, -er, -ene   8 A
januar   7 B, 7 Ord og uttrykk
japansk, -, -e   19 C
jaså   14 C
javel   6 D
jazz, -en   9 B
jeg   1 A
jente, -a/-en, -er, -ene   2 B
jernbanelinje, -a/-en, -er, -ene   10 Samf.
jernbanestasjon, -en, -er, -ene   10 D
jo   9 D, 11 D
jo ... jo ...   27 C
jobb, -en, -er, -ene   3 B
jobbe, -er, -et, -et   3 B
jogge, -er, -et, -et   14 B
joik, -en, -er, -ene   18 Samf.
jordbruk, -et   22 B
jordbær, -et, -, -ene   22 B

jul, -a/-en, -er, -ene   7 B
julaften, -en, -er, -ene   25 B
julegave, -en, -er, -ene   25 Samf.
julemat, -en   25 B
julenisse, -en, -er, -ene   25 Samf.
julestemning, -en, -er, -ene   25 Samf.
juli   7 B, 7 Ord og uttrykk
juni   7 B, 7 Ord og uttrykk
jus/juice, -en   4 A

kaffe, -en   4 A
kakao, -en   18 C
kake, -a/en, -er, -ene   25 A
kald, -t, -e   7 A
kalkun, -en, -er, -ene   25 A
kalle, -er, kalte, kalt   26 B
kamerat, -en, -er, -ene   14 D
kamp, -en, -er, -ene   24 A
kan   2 A, 4 A; se kunne
kanskje   4 C
kappkjøring, -a/-en, -er, -ene   18 Samf.
kaptein, -en, -er, -ene   17 C
karakteristisk, -, -e   18 Samf.
kasse, -a/-en, -er, -ene   4 D
kaste, -er, -et, -et; kaste opp   21 A
kelner, -en, -e, -ne   25 D
kikke, -er, -et, -et   8 B
kilo, -en/-et, -, -ene   4 D, 6 C
kink, -et, -, -ene   21 C
kino, -en, -er, -ene   5 B
kiosk, -en, -er, -ene   6 B
kirke, -a/-en, -er, -ene   13 A
kjedelig, -, -e   14 E
kjekk, kjekt, kjekke   22 A
kjeller, -en, -e, -ne   16 Gramm.
kjempe, -er, -et, -et   15 Samf.
kjempebra, -, -   23 D
kjempegod, -t, -e   24 A
kjempekald, -t, -e   18 A
kjenne, -er, kjente, kjent   10 Samf., 22 B
kjent, -, -e   22 A
kjole, -en, -er, -ene   8 A
kjær, -t, -e   19 Samf.

kjære ... (i brev)   22 A
kjærlig, -, -e   22 B
kjærlighet, -en   5 B
kjøkken, -et, -, -ene   16 A
kjøkkenbenk, -en, -er, -ene   16 E
kjøledisk, -en, -er, -ene   12 C
kjøpe, -er, -te, -t   4 D, 12 A
kjøre, -er, -te, -t   7 C, 19 B
kjøretøy, -et, -er, -ene   27 Samf.
kjøtt, -et   12 A
kjøttkake, -a/-en, -er, -ene   12 Samf.
kl. = klokka/klokken   3 D
klare, -er, -te, -t   21 B; klare seg   26 B
klasse, -en, -er, -ene   7 D
klassekamerat, -en, -er, -ene   26 Samf.
kle, -r, -dde, -dd; kle på seg   20 B
klem, -men, -mer, -mene   22 A
klesdrakt, -a/-en, -er, -ene   18 Samf.
klikk, -et, -, -ene   21 B
klima, -et, -er, -ene   27 A
klokke, -a/-en, -er, -ene   3 A
klær, -ne   8 C
km = kilometer, -en, -, -ne   6 Samf.
kne, -et, knær, knærne   21 B
kniv, -en, -er, -ene   22 B
kode, -en, -er, -ene   6 E
koke, -er, -te, -t   20 C
kokk, -en, -er, -ene   9 B
kollega, -en, -er, -ene   13 B
kolli, -et, -/-er, -ene   17 C
komfortabel, -t, komfortable   19 C
komme, -er, kom, kommet
   1 Ord og uttrykk, 2 C, 11 C
kommode, -en, -er, -ene   16 E
kommune, -en, -er, -ene   18 Samf.
kommunikasjonsmiddel, -et, -midler, -
   midlene   17 Samf.
kone, -a/-en, -er, -ene   2 B
konfirmasjon, -en, -er, -ene   23 Samf.
konfirmere, -er, -te, -t;
   konfirmere seg   23 Samf.
konfirmert, -, -e   23 Samf.
konsert, -en, -er, -ene   24 B

konserthus, -et, -, -ene   27 A

konservativ, -t, -e   25 B

konstitusjon, -en, -er, -ene   25 Samf.

kontakt, -en, -er, -ene   27 B

kontant, -, -e   10 D

kontonummer, -et, -/-numre, -numrene
   6 D

kontor, -et, -er, -ene   4 Samf.

kontroll, -en, -er, -ene   20 Samf.

kopp, -en, -er, -ene   4 A

korps, -et, -, -ene   24 B

korpsøving, -a/-en, -er, -ene   24 B

korsfestelse, -en, -er, -ene   25 Samf.

kort, -, -e   1 Uttale, 23 Gramm.

kort, -et, -, -ene   6 A, 6 E

koselig, -, -e   16 E

koste, -er, -et, -et   6 A

kraftig, -, -e   21 C

krem, -en   25 A

kriminell, kriminelt, kriminelle   23 Samf.

kristen, -t, kristne   25 Samf.

kristendom, -men   26 B

KRL = kristendoms-, religions- og
   livssynskunnskap   26 A

krok, -en, -er, -ene   8 Uttale

krokus, -en, -er, -ene   25 Samf.

krone, -a/-en, -er, -ene   6 B

kronprins, -en, -er, -ene   2 Samf.

kronprinsesse, -a/en, -er, -ene   2 Samf.

kropp, -en, -er, -ene   27 C

krøllet/e, -/-e, -e   23 D

kultur, -en, -er, -ene   16 Samf., 24 Samf.

kunne, kan, kunne, kunnet   4 A,
   14 Gramm., 15 Samf.

kunst, -en   26 A, 27 B

kurs, -en   6 D

kurs, -et, -, -ene   3 C

kusine, -a/-en, -er, -ene   23 B

kvadratmeter, -en, -, -ne   16 A

kveld, -en, -er, -ene   5 B, 9 A

kvinne, -a/-en, -er, -ene   13 Samf.

kyss, -et, -, -ene   22 A

kysse, -er, -et, -et   8 Uttale

kyst, -en, -er, -ene   10 Samf.

kø, -en, -er, -ene   8 Uttale

kåpe, -a/-en, -er, -ene   8 A

la, -r, lot, latt; la være   16 E

lag, -et, -, -ene   24 B

lage, -er, -et/lagde, -et/lagd   3 C

laks, -en, -er, -ene   22 B

land, -et, -, -ene   5 Samf.

landing, -a/-en, -er, -ene   17 C

landsby, -en, -er, -ene   27 A

landsdel, -en, -er, -ene   10 Samf.

landskamp, -en, -er, -ene   9 B

landslagsspiller, -en, -e, -ne   24 C

lang, -t, -e   1 Uttale, 10 Samf.

langfredag, -en, -er, -ene   25 Samf.

langs   10 Samf.

langt   5 B; hvor langt   10 A

lapp, -en, -er, -ene   19 Samf.

Latvia   1 A

latvisk, -, -e   9 C

lavalder, -en   23 Samf.

le, -r, lo, ledd   21 B

leddsetning, -en, -er, -ene   18 Gramm.

ledig, -, -e   8 Ord og uttrykk

lege, -en, -er, -ene   7 C

legesenter, -et, -sentre, -sentrene   21 C

legg, -en, -er, -ene   11 Samf.

legge, -er, la, lagt   5 Uttale, 8 C;
   legge seg   11 D

legitimasjon, -en, -er, -ene   6 E

lei, -t, -e   21 B; lei seg   22 Ord og uttrykk

leie, -a/-en, -er, -ene   16 A

leie, -er, leide, leid   16 A

leilighet, -en, -er, -ene   16 A

lek, -en   26 B

leke, -er, -te, -t   3 C

lekse, -a/-en, -er, -ene   5 A

lene, -er, -te, -t   21 B

lenestol, -en, -er, -ene   23 C

lengde, -a/-en, -er, -ene   6 Samf.

lenge   9 C; hvor lenge   7 B

lengte, -er, -et, -et   5 B

lese, -er, -te, -t   3 Uttale, 5 Samf.

lete, -er, lette, lett; lete etter ...   5 B

lett, -, -e   2 C

lettet, -, -   12 C

lettmelk, -a/-en   12 C

leve, -er, -de, -d   15 Samf.;
    leve av   18 Samf.

levende, -, -   27 B

leverpostei, -en   4 Samf.

ligge, -er, lå, ligget   5 A, 11 D

like, -er, -te, -t   4 A

like før   23 C

like gamle   24 B

like ... som ...   19 Ord og uttrykk

likevel   17 Samf.

likne, -er, -et, -et   23 C

liknende, - ,-   13 Samf.

lilla, -, -   25 Samf.

lillebror, -en, småbrødre, småbrødrene
    10 C

lisens, -en, -er, -ene   9 Samf.

lita/liten, lite, små   8 Ord og uttrykk,
    10 Samf.

litt   5 B

litt av en/ei/et ...   22 B

liv, -et, -, -ene   9 B

livssituasjon, -en, -er, -ene   15 Samf.

loff, -en, -er, -ene   4 C

loft, -et, -, -ene   16 Gramm.

lokalavis, -a/-en, -er, -ene   9 Samf.

lommebok, -a/-en, -bøker, -bøkene   23 D

lov, -en, -er, -ene   15 Samf.

lovlig, -, -e   26 B

lue, -a/-en, -er, -ene   8 A

luft, -a/-en   11 A

luftlinje, -a/-en, -er, -ene   10 Samf.

lun, -t, -e   18 C

lunsj, -en, -er, -ene   3 B

lure, -er, -te, -t; bli lurt   19 Ord og uttrykk

lys, -et, -, -ene   19 B, 25 Samf.

lys, -t, -e   7 Samf.

lyst, -en, -er, -ene; ha lyst på ...   4 A;
    ha lyst til ...   8 C

lære, -er, -te, -t   13 B

lærer, -en, -e, -ne   2 B

læring, -a/-en   26 B

lønn, -a/en   7 D

løpe, -er, løp, løpt   10 A, 24 C

lørdag   3 Ord og uttrykk

låne, -er, -te, -t   6 E

lånekort, -et, -, -ene   6 E

lår, -et, -, -ene   11 Samf.

mage, -en, -er, -ene   11 Samf.

mai   7 B, 7 Ord og uttrykk

mail, -en, -er, -ene   22 A

male, -er, -te, -t   16 E

mandag   3 Ord og uttrykk

mange   6 A, 7 Samf.

mann, -en, menn, mennene   7 C

margarin, -en   12 A

mark, -a/-en, -er, -ene   26 B

markere, -er, -te, -t   15 Samf.

mars   7 B, 7 Ord og uttrykk

mase, -er-, -te, -t   19 D

massemedium, -mediet, -medier,
    -media/-mediene   9 Samf.

mat, -en   4 D

matematikk, -en   13 A

matlaging, -a/-en   14 Samf.

matpakke, -a/-en, -er, -ene   4 Samf.

matpapir, -et   4 D

matte = matematikk, -en   26 A

matvarer, matvarene   4 Samf.

med   4 B, 5 A, 8 C

medisin, -en, -er, -ene   19 Samf.

medisterpølse, -a/-en, -er, -ene   25 D

medlem, -met, -mer, -mene
    14 Ord og uttrykk

meg   8 B

meget   24 A

mekke, -er, -et, -et   14 D

melde, -er, -te, -t   13 B

melk, -a/-en   4 A, 12 A

mellom   3 C

mellomtrinn, -et   26 Samf.

men   2 C
mene, -er, -te, -t   15 Samf.
mening, -a/-en, -er, -ene   9 Samf., 13 B
menneske, -et, -er, -ene   13 C
mens   22 B
meny, -en, -er, -ene   25 A
mer   13 B
merke, -et, -er, -ene   19 C
merkedag, -en, -er, -ene   25 Samf.
mett, -, -e   4 Ord og uttrykk
middag, -en, -er, -ene   3 B
middel, -et, midler, midlene   17 Samf.
middels   24 A
midnattssol, -a/-en   7 Samf.
midt; midt på dagen   17 B;
   i midten   23 Gramm.
midtsommernatt, -a/-en   25 Samf.
mil, -a/-en, -, -ene   6 Samf., 19 C
miljø, -et, -er, -ene   26 A
miljøvernminister, -en, -e/-ministre,
   -ne/-ministrene   15 Samf.
milliard, -en, -er, -ene   3 Gramm.
million, -en, -er, -ene   3 Gramm.
min = minutt, -et, -er, -ene   10 A
min, mi/min, mitt, mine   9 Gramm.
minibank, -en, -er, -ene   8 C
minne, -et, -er, -ene   17 Samf.
miste, -er, -et, -et   13 B
mm = millimeter   27 B
mobiltelefon, -en, -er, -ene   15 C
moderne, -, -   16 A
moped, -en, -er, -ene   23 Samf.
mor, -a/-en, mødre, mødrene   5 B
mord, -et, -, -ene   15 C
morgen, -en, -er, -ene   1 Ord og uttrykk
morgentog, -et, -, -ene   17 B
morn   6 Uttale, 11 Uttale
moro   18 B
morsmål, -et, -, -ene   14 E
morsmålsundervisning, -a/-en   26 B
morsom, -t, -me   9 B
moské, moskeen, moskeer, moskeene   27 A
mot   16 E, 24 B

motor, -en, -er, -ene   19 C
motorisert, -, -e   27 Samf.
motorsykkel, -en, -sykler, -syklene;
   lett motorsykkel   23 Samf.
motsatt, -, -e   25 Samf.
motsetning, -en, -er, -ene   26 Gramm.
mulig, -, -e   10 D
multekrem, -en   25 A
munn, -en, -er, -ene   11 Samf.
musikalsk, -, -e   14 C
musikk, -en   7 Gramm.
mye   8 C; for mye   11 A; hvor mye   3 A
myndig, -, -e   23 Samf.
myndighet, -en, -er, -ene   19 Samf.
mynt, -en, -er, -ene   6 Samf.
møbel, -et, møbler, møblene   16 E
møblert, -, -e   16 A
mørk, -t, -e   7 Samf.
mørketid, -a/-en   7 Samf.
møte, -er, møtte, møtt   18 C
møte, -et, -er, -ene   24 B
mål, -et, -, -ene   6 Samf., 16 D
måltid, -et, -er, -ene   26 Samf.
måned, -en, -er, -ene   2 C
månedskort, -et, -, -ene   17 A
måte, -en, -er, -ene   21 D
måtte, må, måtte, måttet   4 C, 13 B

nasjonal, -t, -e   24 Samf.
nasjonalpark, -en, -er, -ene   10 Samf.
nattog, -et, -, -ene   17 B
natur, -en   10 Samf.
navn, -et, -, -ene   2 A
ned   12 C
nede   21 Gramm.
nedover   21 D
nei   1 C
nemlig   23 D
nervøs, -t, -e   16 D
nese, -a/-en, -er, -ene   11 Samf.
nesespray, -en   11 D
neste   9 B
nesten   7 Samf.

nest størst   27 B

nett, -et, -, -ene; på nett   9 B

nettopp   4 D

nevø, -en, -er, -ene   23 B

ni (9)   3 Gramm.

niese, -a/-en, -er, -ene   23 B

nitten (19)   3 Gramm.

nitti (90)   3 Gramm.

noe, noen   4 A, 15 B, 22 A

nok   11 A, 21 B

nord   10 Samf.

nordmann, -en, nordmenn, nordmennene
    9 Samf.

Nord-Norge   7 Samf.

nordover   17 Samf.

Norge   1 B

normal, -t, -e   20 Samf.

norsk, -, -e   2 B, 26 A

norskkurs, -et, -, -ene   2 C

november   7 B, 7 Ord og uttrykk

null (0)   3 Gramm.

nummer, -et, numre, numrene   7 D

ny, -tt, -e   8 C

nydelig, -, -e   16 E

nyhet, -en, -er, -ene   5 B

nysgjerrig, -, -e   15 Samf.

nyttår, -et   7 B

nærhet, -en; i nærheten   18 C;
    i nærheten av   20 Samf.

nærlys, -et, -, -ene   19 Samf.

nødutgang, -en, -er, -ene   19 A

nødvendig, -, -e   10 D

nå   5 A

når   2 C

nåtid, -a/-en   11 Gramm.

obligatorisk, -, -e   23 Samf.

ofte   8 Samf.

og   1 B

og liknende   13 Samf.

også   1 Uttale

oktober   7 B, 7 Ord og uttrykk

oldebarn, -et, -, -a   13 C

olje, -en   12 A

oljeindustri, -en   13 A

oljeselskap, -et, -er, -ene   9 C

om   2 C, 5 B

omkring   18 Samf.

område, -et, -er, -ene   27 Samf.

omtrent   19 C

onkel, -en, onkler, onklene   23 B

onsdag   3 Ord og uttrykk

opp   18 C

opparbeidet, -, -e   27 Samf.

oppdage, -er, -et, -et   27 C

oppe   21 Gramm.

oppføre, -er, -te, -t; oppføre seg   26 C

oppstandelse, -en, -er, -ene   25 Samf.

opptatt, -, -   19 A

ord, -et, -, -ene   1 Ord og uttrykk

orden, -en; i orden   21 Samf.;
    i orden (= OK)   22 Samf.

ordne, -er, -et, -et   16 E

ordning, -a/-en, -er, -ene   21 Samf.

ordstilling, -a/-en, -er, -ene   1 Gramm.

organisasjon, -en, -er, -ene   24 Samf.

ost, -en, -er, -ene   4 B

over   3 A, 15 Samf., 16 E;
    over (= mer enn)   19 B

overdrive, -er, -drev, -drevet   26 C

overføre, -er, -te, -t   6 D

pai, -en, -er, -ene   25 A

Pakistan   1 C

pakke, -a/-en, -er, -ene   4 D, 6 C

palmesøndag, -en, -er, -ene   25 Samf.

paprika, -en, -er, -ene   12 C

par, -et, -, -ene   22 Samf.; et par sko   8 A;
    et par uker   13 C

park, -en, -er, -ene   7 D

parkere, -er, -te, -t   19 B

parkeringsplass, -en, -er, -ene   18 C

parlament, -et, -er, -ene   18 Samf.

pasient, -en, -er, -ene   21 D

pass, -et, -, -ene   6 Samf.

passasjer, -en , -er, -ene   8 C

passe; akkurat passe   16 C;
    passe stort   16 E
passe, -er, -et, -et   8 C; passe på ...   9 C;
    passe seg for ...   6 Gramm.
pasta, -en   12 Samf.
pause, -en, -er, -ene   11 D
PC, -en, -er, -ene   5 B
pen, -t, -e   8 Gramm.
penger, pengene   6 D
pensjon, -en, -er, -ene   23 Samf.
pensjonist, -en, -er, -ene   13 Samf.
pensum, -et, -er, -ene   26 C
perfektum   12 Gramm.
periode, -en, -er, -ene   15 Samf.
permisjon, -en, -er, -ene   7 D
person, -en, -er, -ene   22 B
personlig, -, -e   6 E
pinnekjøtt, -et   25 A
pinse, -a/-en, -er, -ene   7 B
pizza, -en, -er, -ene   15 C
plass, -en, -er, -ene   10 D; på plass   24 C
plassbillett, -en, -er, -ene   17 B
plaster, -et, -/plastre, plastrene
    21 Ord og uttrykk
plattform, -en, -er, -ene   13 A
pleie, -er, pleide, pleid   9 D
plen, -en, -er, -ene   16 E
plukke, -er, -et, -et   27 Samf.
plutselig   15 C
plystre, -er, -et, -et   15 B
politi, -et   19 E
politiker, -en, -e, -ne   22 A
politikk, -en   22 A
politikonstabel, -en, -konstabler,
    -konstablene   19 E
politisk, -, -e   13 B
populær, -t, -e   27 B
porsjon, -en, -er, -ene   25 D
pose, -en, -er, -ene   5 B
postkontor, -et, -er, -ene   6 C
postkort, et, -, -ene   6 C
potet, -en, -er, -ene   4 D
pr. = per   12 B

praksis, -en, -er, -ene   21 B
praksisplass, -en, -er, -ene   13 C
praktisk, -, -e   16 Samf., 26 C
prate, -er, -et, -et   12 Samf.
preposisjon, -en, -er, -ene   16 Gramm.
presang, -en, -er, -ene   22 Samf.
presens   3 Gramm.
president, -en, -er, -ene   15 Samf.
presis, -t, -e   3 Samf.
prest, -en, -er, -ene   13 A
preteritum   12 Gramm.
prevensjon, -en   23 Samf.
prinsipp, -et, -er, -ene   26 B
pris, -en, -er, -ene   8 C, 24 Samf.
profil, -en, -er, -ene   9 B
program, -met, -mer, -mene   9 D
pronomen, -et, -er, -ene   2 Gramm.;
    personlig ...   16 Gramm.;
    påpekende ...   17 Gramm.
prosent, -en, -er, -ene   9 Samf.
prøve, -er, prøvde, prøvd   2 C, 8 B
prøvekjøre, -er, -te, -t   19 C
prøvetime, -en, -er, -ene   11 C
puls, -en, -er, -ene   9 B
pusse, -er, -et, -et   20 B
putte, -er, -et, -et   12 C
pære, -a/-en, -er, -ene   6 A
pølse, -a/-en, -er, -ene   12 Samf.
på   2 C, 3 A, 4 C, 5 B, 13 A, 16 Gramm.;
    på landet   16 E
påbudt   19 Samf.
på grunn av   13 B
pålegg, -et, -, -ene   12 Samf.
påske, -a/-en, -er, -ene   7 B, 25 Samf.
påskeaften, -en, -er, -ene   25 Samf.
påskedag, -en, -er, -ene   25 Samf.
påskeferie, -en, -er, -ene   26 A
påskelilje, -a/-en, -er, -ene   25 Samf.
påskeuke, -a/-en, -er, -ene   25 Samf.
på tide   20 C
påvirket, -, -e   19 Samf.
rabattkort, -et, -, -ene   17 B
radar, -en, -er, -ene   19 E

radio, -en, -er, -ene   9 Samf., 19 D

rar, -t, -e   23 D

ras, -et, -, -ene   19 B

ratt, -et, -, -ene   19 Samf.

re, -r, -dde, -dd; re opp   13 C

reaksjonsevne, -en, -er, -ene   20 Samf.

redd, -, -e   19 D

refleksiv, -t, -e   20 Gramm.

regjering, -a/-en, -er, -ene   15 Samf.

regne, -er, -et, -et   7 A, 26 B

regntøy, -et   8 Samf.

reindrift, -a/-en   18 Samf.

reinsdyr, -et, -, -a/-ene   18 Samf.

reise, -a/-en, -er, -ene   5 B

reise, -er, -te, -t   6 Gramm.; reise bort
    25 Samf.; reise seg   21 B

reisebyrå, -et, -er, -ene   10 D

reke, -a/-en, -er, -ene   27 B

rekke, -er, rakk, rukket   14 C

reklame, -en, -er, -ene   9 Samf.

renne, -er, rente, rent   18 C

reparere, -er, -te, -t   13 Ord og uttrykk

resept, -en, -er, -ene   21 D

reservere, -er, -te, -t   10 D

resiprok, -t, -e   20 Gramm.

restaurant, -en, -er, -ene   17 B

rett, -, -e   22 Samf.

rett, -en   23 Samf., 25 A; ha rett   13 B;
    ha rett til   7 D

rett fram   19 B

rettighet, -en, -er, -ene   15 Samf.

retur, -en, -er, -ene   10 D

ribbe, -a/-en, -er, -ene   25 A

riktig, -, -e   19 E

rimelig, -, -e   27 Samf.

ringe, -er, -te, -t   15 B

ris, -en   12 A

riskrem, -en   25 A

rom, -met, -, -mene   3 D

romantisk, -, -e   24 A

rope, -er, -te, -t   20 B

rulle, -er, -et, -et; rulle ned vinduet   19 E

rundstykke, -et, -er, -ene   4 B

rundt   16 Samf., 24 C;
    rundt (= ca.)   24 Samf.

russisk, -, -e   2 Ord og uttrykk

ruste, -er, -et, -et   19 C

rute, -a/-en, -er, -ene   10 Samf., 17 Samf.

rydde, -er, -et, -et   9 A, 13 C;
    rydde opp etter seg   27 Samf.

rygg, -en, -er, -ene   11 Samf.

rød, -t, -e   8 Gramm.

rødme, -er, -et, -et   23 D

røyke, -er, -te, -t   17 C

råd, -a/-en; ha råd til   16 Samf.

rådhus, -et, -, -ene   27 A

saft, -a/-en   4 A

saks, -a/-en, -er, -ene   21 Ord og uttrykk

saksofon, -en, -er, -ene   14 C

salat, -en, -er, -ene   12 C

salg, -et, -, -ene   8 B; gå på salg   8 C

salve, -en, -er, -ene   21 Ord og uttrykk

samarbeide, -er, -et, -et   24 Samf.

samboer, -en, -e, -ne   12 Samf.

same, -en, -er, -ene   18 Samf.

Sametinget   18 Samf.

samfunnsfag; -et, -, -ene   1 Samf., 26 A

samisk, -, -e   18 Samf.

samle, -er, -et, -et; være samlet   22 B

samme   8 C

sammen; sammen med   4 C

sammenlikne, -er, -et, -et   19 C

sammenlikning, -a/-en, -er, -ene
    26 Gramm.

samtidig   26 C

samtykke, -et   23 Samf.

sandvolleyball, -en   18 A

sang, -en, -er, -ene   18 Samf.

sankthans   7 B;
    sankthansaften, -en, -er, -ene   25 Samf.

sann, sant, sanne   11 C

sannsynligvis   19 E

sau, -en, -er, -ene   25 Samf.

savne, -er, -et, -et   22 B

se, -r, så, sett   11 C; se på   5 A

seddel, -en, sedler, sedlene   6 Samf.

seg   11 C, 13 B

seile, -er, -te, -t   15 Samf.

sein, -t, -e   3 Samf.; seinere   9 D

seks (6)   3 Gramm.

seksten (16)   3 Gramm.

seksti (60)   3 Gramm.

sekstiårsdag, -en, -er, -ene   22 B

seksuell, seksuelt, seksuelle;
   seksuell omgang   23 Samf.

seksåring; -en, -er, -ene   26 B

selge, -er, solgte, solgt   16 E

selv   5 A

selvbestemt, -, -e   15 Samf.

selvfølgelig   6 Ord og uttrykk, 11 D

selvsagt   21 C

sende, -er, sendte, sendt   5 B

seng, -a/-en, -er, -ene   9 Uttale

sengekant, -en, -er, -ene   21 B

sentimental, -t, -e   24 A

sentrum, sentret, sentre, sentrene   7 D

september   7 B, 7 Ord og uttrykk

serie, -en, -er, -ene   9 C

sertifikat, -et, -er, -ene   19 Samf.

servere, -er, -te, -t   17 Samf.

sete, -et, -er, -ene   19 Samf.

setningsadverbial, -et, -er, -ene   26 Gramm.

sette, -er, satte, satt; sette seg   20 C

SFO = skolefritidsordning, -a/-en, -er, -ene
   26 Samf.

si, sier, sa, sagt   2 C

siden (= fordi)   22 B

sigarett, -en, -er, -ene   23 Samf.

sikker, -t, sikre   17 C

sin, si/sin, sitt, sine   12 Samf., 24 Gramm.

sinn, -et, -, -ene   27 C

sint, -, -e   22 Ord og uttrykk

sist   22 B; siste   17 A; siste nytt   9 B

sitte, -r, satt, sittet   5 A; sitte på til …   7 D

situasjon, -en, -er, -ene   22 Samf.

sivbåt, -en, -er, -ene   15 Samf.

sjenanse, -en   27 Samf.

sjenert, -, -e   22 B

sjokolade, -en, -er, -ene   4 D

sju (7)   3 Gramm.

sjø, -en   13 A

skade, -en, -er, -ene   21 Samf.

skade, -er, -et, -et; skade seg   21 Samf.

skadet, -, -e   19 Samf.

skap, -et, -, -ene   16 E

ski, -a/-en, -, -ene; gå på ski   11 Gramm.;
   et par ski   14 B

skift, -et, -, -ene   13 B

skifte, -er, -et, -et   10 D

skilt, -et, -er, -ene   17 Ord og uttrykk

skinke, -a/-en, -er, -ene   4 B

skinne, -er, skinte, skint   7 A

skip, -et, -, -ene   17 Samf.

skipsfart, -en   27 A

skitten, -t, skitne   16 E

skitur, -en, -er, -ene   18 C

skive, -a/-en, -er, -ene   4 B

skje, -r, -dde, -dd   21 B

skjema, -et, -er, -ene   6 D

skjorte, -a/-en, -er, -ene   8 A

skjærtorsdag, -en, -er, -ene   25 Samf.

skjønne, -er, skjønte, skjønt   4 C, 24 C

skjørt, -et, -, -ene   8 A

sko, -en, -, -ene   8 A

skog, -en, -er, -ene   26 B

skole, -en, -er, -ene   3 C

skolealder, -en   14 Samf.

skolefritidsordning, se SFO

skolemat, -en   4 D

skolestart, -en   26 B

skoletid, -a/-en   26 C

skotte, -en, -er, -ene   21 Ord og uttrykk

skrape, -er, -te, -t   18 C

skrelle, -er, skrelte, skrelt   8 Uttale

skrive, -er, skrev, skrevet   2 A;
   skrive under   6 E

skulder, skuldra/skulderen, skuldrer,
   skuldrene   11 Samf.

skulle, skal, skulle, skullet   6 Gramm.,
   14 Gramm., 15 B

skumme; -er, -et, -et   12 C

skute, -a/-en, -er, -ene 8 Uttale

sky, -a/-en, -er, -ene 8 Uttale

skynde, -er, skyndte, skyndt;
   skynde seg 20 B

skøyte, -a/-en, -er, -ene 8 Uttale, 14 B

skål, -a/-en, -er, -ene 8 Uttale

slanke, -er, -et, -et; slanke seg 23 D

slappe, -er, -et, -et; slappe av 7 D

slektning, -en, -er, -ene 16 E

slette, -a, -er, -ene 24 Samf.

slik, -t, -e 8 C; slik som 26 B

slips, -et, -, -ene 8 A

slitsom, -t, -me 14 E

slott, -et, -, -ene 27 A

slum, -men 24 Samf.

slutt, -en, -er, -ene 9 B; i slutten av …
   24 Samf.; til slutt 15 Gramm.

slutte, -er, -et, -et 3 B

slå, -r, slo, slått 10 D

smake, -er, -te, -t 25 A

smal, -t, -e 19 D

smerte, -en, -er, -ene 11 Samf.

smertestillende, -, - 11 Samf.

smile, er, -te, -t 4 D

smitte, -er, -et, -et 11 D

smittsom, -t, -me 21 Ord og uttrykk

smør, -et 4 B

smøre, -er, smurte, smurt 18 C

snakke, -er, -et, -et 2 B

snart 7 B

snu, -r, -dde, -dd 25 Samf.

snø, -r, -dde, -dd 7 A

sofa, -en, -er, -ene 23 C

sol, -a/-en, -er, -ene 7 A

solbrent, -, -e 18 C

sole, -er, -te, -t; sole seg 23 D

solkrem, -en 18 C

som 8 C, 13 B, 15 Samf., 18 C, 19 C

sommer, -en, somrer, somrene
   7 Ord og uttrykk; til sommeren 7 D

sommerferie, -en, -er, -ene 7 B

sommersolverv, -et 25 Samf.

sosial, -t, -e 24 Samf.

sove, -er, sov, sovet 3 C

soverom, -met, -, -mene 16 A

sovne, -er, -et, -et 11 D

spagetti, -en 12 A

spansk, -, -e 2 B

spare, -er, -te, -t 14 D

«spare-ribs» 25 D

speedometer, -et, -/-metre, -metrene
   19 Samf.

speil, -et, -, -ene 19 Samf.

spennende, -, - 10 Samf.

spent, -, -e 23 C

spesiell, spesielt, spesielle 15 Samf.

spille, -er, spilte, spilt 11 C

spise, -er, -te, -t 3 B

sport, -en 9 B

sportsklubb, -en, -er, -ene 24 Samf.

sprette, -er, spratt, sprettet 21 B

språk, -et, -, -ene 18 Samf.

spørre, spør, spurte, spurt; spørre om 2 C,
   18 C

spørsmål, -et, -, -ene 1 Gramm.

stadig, -, -e; stadig flere 14 Samf.

stakkars 21 D

starte, -er, -et, -et 13 Gramm., 18 C, 24 C

stasjon, -en, -er, -ene 16 Gramm.

statlig, -, -e 9 Samf.

statsminister, -en, -e/-ministre,
   -ne/-ministrene 15 Samf.

status, -en 18 Samf.

stav, -en, -er, -ene 18 C

stave, -er, -et, -et 2 A

sted, -et, -er, -ene 7 Gramm.

stemme, -er, stemte, stemt 16 D

stemmerett, -en 23 Samf.

stenge, -er, -te, -t 13 B

stengt, -, -e 15 C

sterk, -t, -e 9 Samf., 19 Samf.

stil, -en, -er, -ene 22 B

stilig, -, -e 19 D

stille, -, - 16 E

stille, -er, stilte, stilt; stille klokka 20 B;
   stille opp 14 Samf.

stilles, -, stiltes, stiltes; **stilles for retten**
   23 Samf.

stirre, -er, -et, -et   22 Samf.

stk. = stykk   12 B

stol, -en, -er, -ene   16 Gramm.

stoppe, -er, -et, -et   14 D

stor, -t, -e   7 D

strafferettslig, -, -e   23 Samf.

straks   22 Samf.

stresse, -er, -et, -et   11 A; **stresse ned**   27 C

strikke, -er, -et, -et   14 A

strøk, -et, -, -ene   19 Samf.

student, -en, -er, -ene   13 A

studere, -er, -te, -t   13 A

studieretning, -en, -er, -ene   26 C

stue, -a/-en, -er, -ene   10 Uttale, 16 A

stund, -a/-en, -er, -ene   21 Ord og uttrykk

stygg, -stygt, stygge   7 Ord og uttrykk

størrelse, -en, -er, -ene   8 B

støtfanger, -en, -e, -ne   19 Samf.

støtte, -er, -et, -et   21 B

støvsuge, -er, -sugde, -sugd   13 Samf.

stå, -r, sto, stått   5 A; **stå opp**   3 B

subjekt, -et, -er, -ene   7 Gramm.

subjunksjon, -en, -er, -ene   26 Gramm.

sukker, -et   4 C

sulten, -t, sultne   4 B, 18 C

super, -t, supre   18 A

suppe, -a/-en, -er, -ene   25 A

sur, -t, -e   18 Ord og uttrykk

svangerskap, -et, -, -ene   15 Samf.

svar, -et, -, -ene   1 Gramm.

svare, -er, -te, -t   18 C

svart, -, -e   8 Gramm.

svigerfar, -en, -fedre, -fedrene   23 B

svigerinne, -a/-en, -er, -ene   23 B

svigermor, -a/-en, -mødre, -mødrene   23 B

svikte, -er, -et, -et   21 B

sving, -en, -er, -ene   9 B

svoger, -en, -e, -ne   23 B

svært   24 A

svømme, -er, svømte, svømt   14 B

svømmehall, -en, -er, -ene   24 A

swing-kurs, -et, -, -ene   14 C

sy, -r, -dde, -dd   14 A

syk, -t, -e   11 C

sykehjem, -met, -, -mene   10 A, 10 C

sykehus, -et, -, -ene   9 C

sykemelding, -a/-en, -er, -ene   21 D

sykepleier, -en, -e, -ne   13 A

sykkel, -en, sykler, syklene   7 Uttale,
   10 Gramm.

sykle, -er, -et, -et   5 B

syltetøy, -et   4 B

syn, -et   20 Samf.

synes, syn(e)s, syntes, syntes   8 C

system, -et, -er, -ene   27 Gramm.

sytten (17)   3 Gramm.

sytti (70)   3 Gramm.

syv (7)   3 Gramm.

søke, -er, -te, -t   26 B

søknadsskjema, -et, -er, -ene   7 D

søndag   3 Ord og uttrykk

sønn, -en, -er, -ene   20 B

sør   10 Samf.

sørover   17 Samf.

søster, -a/-en, søstre, søstrene   23 B

søt, -t, -e   23 D

søtsaker, -sakene   12 A

søvn, -en   11 A

så   5 B, 15 B, 15 C; **så ... at**   15 C;
   så ... som   21 C

sånn, sånt, sånne   11 C

sår, -et, -, -ene   21 Samf.

ta, -r, tok, tatt   4 C; **ta med ...**   9 Uttale;
   ta ut   8 C

tablett, -en, -er, -ene;
   hodepinetablett   11 D

tabloid, -, -e   9 B

takk, -en   4 A

takke, -er, -et, -et   22 B

tale, -en, -er, -ene   22 B

tall, -et, -, -ene   3 Gramm.

tallerken, -en, -er, -ene   25 D

tann, -a/-en, tenner, tennene
  21 Ord og uttrykk
tannlege, -en, -er, -ene 9 A, 13 A
tannpine, -a/-en, -er, -ene
  21 Ord og uttrykk
tante, -a/en, -er, -ene 10 C
tape, -er, -te, -t 24 C
tappe, -er, -et, -et 20 B
tau, -et, -, -ene 23 D
taushetsplikt, -a/-en 20 Samf.
te, -en 4 A
teater, -et, teatre, teatrene 24 A
tegnspråk, -et, -, -ene 9 B
telefon, -en, -er, -ene 15 A
telefonsamtale, -en, -er, -ene 15 A
telt, -et, -, -ene 22 A
tempo, -et, -er, -ene 27 C
tenke, -er, -te, -t 5 B, 11 D
tenne, -er, tente, tent 27 Samf.
teoretisk, -, -e 26 C
teori, -en, -er, -ene 15 Samf.
teppe, -et, -er, -ene 16 E
termin, -en, -er, -ene 7 C
termometer, -et, -/metre, -metrene
  21 Ord og uttrykk
teste, -er, -et, -et 19 D
tettbygd, -, -e 19 Samf.
thai 2 Ord og uttrykk
Thailand 1 B
ti (10) 2 C
tid, -a/-en, -er, -ene 3 D, 10 A,
  13 Ord og uttrykk, 22 Ord og uttrykk
tidlig, -, -e 13 B
tidspunkt, -et, -er, -ene 23 Samf.
til 2 C, 2 Samf., 3 C, 4 C, 4 D, 5 B
tilbake 6 B
tilbud, -et, -, -ene 12 B
tilby, -r, tilbød, tilbudt 26 B
tilhørighet, -en 18 Samf.
til høyre 4 D
tillegg, -et, -, -ene; i tillegg 13 Samf.
tilleggspensjon, -en, -er, -ene 23 Samf.
til salgs 16 C

til sammen 6 C
tilstand, -en, -er, -ene 19 Samf.
til stede 20 Samf.
til venstre 4 D
time, -en, -er, -ene 3 D, 21 C
timeplan, -en, -er, -ene 3 D
ting, -en, -, -ene 13 B
tirsdag 3 Ord og uttrykk
tisse, -er, -et, -et 24 C
tjue (20) 3 Gramm.
to (2) 2 B
toalett, -et, -/-er, -ene 19 A
tobakk, -en 16 Samf.
tog, -et, -, -ene 10 D
tolv (12) 3 Gramm.
tom, -t, -me 26 Samf.
tomat, -en, -er, -ene 12 B
tomt, -a/-en, -er, -ene 16 D
topp, -en, -er, -ene 8 A
torsdag 3 Ord og uttrykk
torsk, -en, -er, -ene 12 C
tradisjon, -en, -er, -ene 22 B
tradisjonell, tradisjonelt, tradisjonelle 25 B
trafikant, -en, -er, -ene 19 Samf.
trafikk, -en 19 D
trafikkregel, -en, -regler, -reglene 19 Samf.
tran, -en 6 Gramm.
trang, -t, -e 16 C
transportmiddel, -et, -midler, -midlene 17
  Samf.
travel, -t, travle 13 Ord og uttrykk
tre (3) 3 Gramm
tre, -et, trær, trærne 16 E
treffe, -er, traff, truffet 5 B
trene, -er, -te, -t 11 A
trenge, -r, -te, -t 4 D, 11 C
trening, -a/-en, -er, -ene 9 C
treningsstudio, -et, -er, -ene 11 C
tretten (13) 3 Gramm.
tretti (30) 3 Gramm.
trinn, -et, -, -ene 26 Samf.
trist, -, -e 5 B
trives, triv(e)s, trivdes, trivdes 7 Gramm.

tro, -r, -dde, -dd   7 D
tropisk, -, -e   27 A
truse, -a/en, -er, -ene   8 A
trygdekontor, -et, -er, -ene   7 D
trøtt, -, -e   9 D
T-skjorte, -a/-en, -er, -ene   8 A
tung, -t, -e   10 Samf.
tunnel, -en, -er, -ene   10 Samf.
tur, -en, -er, -ene   7 D, 21 D
turgåer, -en, -e, -ne   27 Samf.
turisme, -en   27 A
turist, -en, -er, -ene   7 Samf.
turistby, -en, -er, -ene   27 B
turnering, -a/-en, -er, -ene   24 Samf.
turområde, -et, -er, -ene   27 C
tur-retur   10 B
tusen   3 Gramm.; tusen takk   4 D
tusenvis   10 Samf.
TV, -en, -er, -ene   5 A
TV-kanal, -en, -er, -ene   9 Samf.
tykk, tykt, tykke   8 Samf.
tynn, tynt, tynne   8 Samf.
tysk, -, -e   9 B
tysker, -en, -e, -ne   21 Ord og uttrykk
tyve (20)   3 Gramm.
tøff, tøft, tøffe   8 C
tøffel, -en, tøfler, tøflene
    19 Ord og uttrykk
tørke, -er, -et, -et   20 C
tørre, tør, torde, tort   18 B
tørst, -, -e   4 A
tåre, -en, -er, -ene   21 B

uenig, -, -e   26 Ord og uttrykk
uforsiktig, -, -e   19 C
uhøflig, -, -e   22 Samf.
uke, -a/-en, -er, -ene   3 C
ukeblad, -et, -er, -ene   4 Gramm., 12 C
ulik, -t, -e   9 Samf.
ulykke, -a/-en, -er, -ene   19 Samf.
umulig, -, -e   21 B
under   5 Gramm., 7 D
underbukse, -a/-en, -er, -ene   8 A

underholdning, -a/-en   9 B
undersøke, -er, -te, -t   20 Samf.
undervise, -er, -te, -t   13 Ord og uttrykk
undervisning, -a/-en   26 B
ung, -t, -e   13 B, 23 Gramm.
ungdom, -men, -mer, -mene   13 Samf.
ungdomsskole, -en, -er, -ene   26 C
unge, -en, -er, -ene   18 Ord og uttrykk
universitet, -et, -er, -ene   26 Samf.
unnskyld   2 C
uovervinnelig, -, -e   9 B
urbefolkning, -en, -er, -ene   18 Samf.
uregelrett, -, -e   11 Gramm.
USA   1 A
useriøs, -t, -e   15 Samf.
usikker, -t, usikre   22 B
ut   7 Uttale
utdannet, -, -e   15 Samf.
utdanning, -a/-en   13 A
ute   8 Samf.; her ute   19 D
uten   19 E
utenfor   10 Samf.
utenlandsk, -, -e   9 C
utgang, -en, -er, -ene   19 A
utgangspunkt, -et, -er, -ene   27 Gramm.
utlending, -en, -er, -ene   27 B
utmark, -a/-en, -er, -ene   27 Samf.
utrolig, -, -e   24 A
utsikt, -en, -er, -ene   16 E
utsolgt, -, -e   6 B
utvikling, -a/-en   20 Samf.
utålmodig, -, -e   18 C

vakker, -t, vakre   10 Samf.
vaksine, -en, -er, -ene   20 Samf.
valg, -et, -, -ene   18 Samf.
valgfag, -et, -, -ene   26 A
valgfri, -tt, -e   26 B
valuta, -en, -er, -ene   6 D
vane, -en, -er, -ene   22 Samf.
vanlig, -, -e   7 D
vann, -et, -, -ene   4 A, 16 E
vanskelig, -, -e   2 C

vare, -en, -er, -ene   5 B
variert, -, -e   10 Samf.
varm, -t, -e   7 A
varme, -er, -et, -et; varme opp   24 C
vaske, -er, -et, -et; vaske opp   5 A;
   vaske seg   20 B
ved   12 C
ved siden av   16 Gramm.
vedta, -r, vedtok, vedtatt   19 E
vegg, -en, -er, -ene   16 E
vei, -en -er, -ene   2 C, 10 Samf.;
   på vei   10 C; på veien hjem   5 B
veie, -er, veide, veid   6 C
vekk   21 Gramm.
vekke, -er, -et, -et   3 C
vekkerklokke, -a/-en, -er, -ene   20 B
veksle, -er, -et, -et   6 D
vekst, -en   20 Samf.
vekt, -a/-en   6 Samf., 20 Samf.
vel   9 D
veldig   14 C
velge, -er, valgte, valgt   23 Samf.;
   bli valgt   15 Samf.
velkommen, -t, velkomne   13 A
venn, -en, -er, -ene   5 A
venninne, -a/-en, -er, -ene   9 C
vennlig, -, -e   22 A
vente, -er, -et, -et   4 C
ventetid, -a/en   21 C
venteværelse, -et, -er, -ene   21 D
verbal, -et, -er, -ene   7 Gramm.
verden, -en, -er, -ene   15 Samf.
verksted, -et, -er, -ene   13 A
verst   7 Ord og uttrykk
veske, -a/en, -er, -ene   17 Ord og uttrykk
Vestlandet   27 B
vi   1 C
videre   23 Samf.
videregående   23 Samf.
vifte, -er, -et, -et   25 Samf.
viking, -en, -er, -ene   9 B
viktig, -, -e   9 Samf.
vill, vilt, ville   27 Samf.

ville, vil, ville, villet   4 A
vin, -en, -er, -ene   4 A
vindu, -et, -er, -ene   16 Samf., 17 C
vindusvisker, -en, -e, -ne   19 Samf.
vinke, -er, -et, -et   19 E
Vinmonopolet   23 Samf.
vinne, -er, vant, vunnet   24 C
vinter, -en, vintrer, vintrene
   7 Ord og uttrykk
vinterferie, -en, -er, -ene   7 B
vintersolverv, -et   25 Samf.
virkelig, -, -e   12 C
vise, -er, -te, -t   15 Samf.
visning, -en, -er, -ene   16 D
vitamin, -en, -er, -ene   21 Ord og uttrykk
vite, vet, visste, visst   20 B
viten, -en   23 Samf.
vogn, -a/-en, -er, -ene   17 B
vognkort, -et, -, -ene   19 E
vokse, -er, -te, -t   22 B; vokse opp   27 A
voksen, -t, voksne   9 B, 10 B
voksenkontakt, -en   14 C
vond, -t, -e   18 C
vær, -et   7 A
være, er, var, vært   3 Gramm., 11 B
vær så god   4 C
våken, -t, våkne 18 Ord og uttrykk, 20 B
våkne, -er, -et, -et   18 C
vår, -en, vårer, vårene   7 Ord og uttrykk
vår, -t, -e   9 Gramm.
våt, -t, -e   20 C

WC, -en, -er, -ene   16 A
WHO = World Health Organization
   (Verdens helseorganisasjon)   15 Samf.

yndlingsbilde, -et, -er, -ene   23 A
yrke, -et, -er, -ene   13 A
yrkesaktiv, -t, -e   13 Samf.
yrkesrettet videregående   23 Samf.

ødelegge, -er, ødela, ødelagt   19 E
øl, -et   4 A

ønske, -er, -et, -et   21 D
øre, - (mynt)   6 Samf.
øre, -et, -er, -ene   11 Samf.
øve, -er, øvde, øvd   13 B
øvelse, -en, -er, -ene   14 C, 14 E
øvelseskjøre, -er, -te, -t   23 Samf.
øy, -a, -er, -ene   10 Samf.
øye, -et, øyne, øynene   11 Samf.
øyeblikk, -et, -, -ene   15 A

å   2 C
åker, -en, åkrer, åkrene   27 Samf.
åpen, -t, åpne   15 C
åpne, -er, -et, -et   22 Samf.
år, -et, -, -ene   2 C, 7 Ord og uttrykk
årsak, -en, -er, -ene   7 D
årstid, -a/en, -er, -ene   7 B
åtte (8)   3 Gramm.
åtti (80)   3 Gramm.